公路工程试验检测人员业务考试模拟练习与题解

（三）《桥梁》、《隧道》

主　编　王保群
副主编　李　志　张　平

人民交通出版社

内 容 提 要

本书针对交通运输部公路工程试验检测人员业务考试《桥梁》和《隧道》两个科目的大纲要求，收集了大量考前模拟练习题，基本上覆盖了相应知识点。本书还附有模拟试卷，对考生复习有重要指导意义。

本书主要适合于公路工程试验检测人员考前复习之用。

图书在版编目(CIP)数据

公路工程试验检测人员业务考试模拟练习与题解. 3，桥梁、隧道/王保群主编. —北京：人民交通出版社，2007. 5

ISBN 978-7-114-06539-2

Ⅰ. 公…　Ⅱ. 王…　Ⅲ. ①道路工程—试验—解题②道路工程—检测—解题　Ⅳ. U41-44

中国版本图书馆 CIP 数据核字(2007)第 065847 号

书　　名： 公路工程试验检测人员业务考试模拟练习与题解(三)《桥梁》、《隧道》
著 作 者： 王保群
责任编辑： 毛　鹏　岑　瑜
出版发行： 人民交通出版社
地　　址： (100011)北京市朝阳区安定门外外馆斜街3号
网　　址： http://www.ccpress.com.cn
销售电话： (010)59757969，59757973
总 经 销： 人民交通出版社发行部
经　　销： 各地新华书店
印　　刷： 北京交通印务实业公司
开　　本： 787×1092　1/16
印　　张： 10.25
字　　数： 237千
版　　次： 2007年5月第1版
印　　次： 2012年4月第12次印刷
书　　号： ISBN 978-7-114-06539-2
定　　价： 24.00元

前　言

随着我国公路事业的快速发展，为了加强公路建设项目管理，规范施工过程试验检测行为，提高试验检测队伍整体的基本素质和专业技术水平，确保公路工程试验检测工作质量，交通部于2006年开始实行公路试验检测执业资格考试制度。公路工程试验检测人员考试，目的是科学、公开、公平、公正地考核公路工程试验检测人员的试验检测技术水平，促进公路行业试验检测人员总体素质的提高。

本书根据交通运输部《公路水运工程试验检测人员考试大纲》(2012年版)要求编写，旨在为参加执业考试的公路工程一线试验检测人员提供复习参考。复习题集按照单项选择题、判断题、多项选择题和问答题编写，囊括了考试大纲所要求的全部内容。

本书由王保群(山东交通学院)主编和统稿，李志、张平(山东交通学院)参加编写。

由于编写时间仓促，编者水平有限，不足和错误之处在所难免，敬请广大读者批评指正，以便再版时给予更正。来函请寄山东济南交校路5号(邮编:250023)山东交通学院土木工程系。

总 说 明

公路工程试验检测人员考试分为试验检测工程师和试验检测员两个等级。试验检测工程师考试科目分为公共基础科目和专业科目,试验检测员考试科目仅设专业科目。二者专业考试科目的设置和考试范围相同,考试内容的难易程度不同,试验检测工程师以考查掌握较强的理论知识和分析判断能力为主,试验检测员以应知应会的现场操作技能为主。考试方式实行计算机考试或纸质试卷考试的方式。

交通运输部公路试验检测考试大纲对试验检测人员应具备的知识和能力划分为“了解”、“熟悉”和“掌握”三个层次。应试人员应重点掌握“熟悉”和“掌握”两个层次。

桥梁试验检测要求应试人员全面、系统掌握桥梁工程专业方面的基本知识;能够了解、熟悉、掌握桥梁工程技术标准、施工规范、质量检验评定标准、国家相关试验标准等一系列有关技术文件,特别是其中关于桥梁工程试验检测的内容。

隧道试验检测要求应试人员全面、系统掌握公路隧道工程试验检测的内容、基本原理和方法,并具备较强的实际操作和分析实际问题的能力,以及贯彻执行质量检验评定标准的能力。要求应试人员对大纲的不同内容有较全面的了解、熟悉、掌握,并能在理解的基础上正确地运用。

一、考试题型

考试题型共有四种形式:单项选择题、判断题、多项选择题和问答题,公共基础科目不设问答题。

1.单项选择题:每道题目有4个备选项,要求参考人员通过对题干的审查理解,从4个备选项中选出唯一的正确答案,每题1分。

2.判断题:每道题目列出一个可能的事实,通过审题给出该事实是正确还是错误的判断,每题1分。

3.多项选择题:每道题目所列备选项中,有两个或两个以上正确答案,每题2分。选项全部正确得满分,选项部分正确按比例得分,出现错误选项该题不得分。

4.问答题:分为试验操作题、简答题、案例分析题和计算题等,每题10分。

二、科目设置

《桥梁》、《隧道》每套试卷设置单选题30道、判断题30道、多选题20道、问答题5道。总计150分,考试时间150分钟。

三、考试内容参考比例

《桥梁》科目考试包括:桥梁工程质量评定3%、桥梁工程结构试验检测仪器设备15%、桥梁工程原材料试验检测15%、桥梁工程制品检测10%、桥梁工程地基与基础检测12%、桥梁构件状况及耐久性检测评价25%、梁荷载试验及承载力评定25%。

《隧道》科目考试包括：隧道基本知识 5%、隧道开挖超前支护 5%、隧道开挖 10%、隧道初期支护 15%、隧道防排水 15%、隧道施工监控量测 15%、隧道衬砌 15%、隧道施工超前地质预报 10%、隧道环境 10%。

四、参考教材和参考资料

在考试大纲中列出了有关考试参考书目，要特别强调的是当教材中的内容和现行标准规范相对应的内容不一致时，应以现行有效的行业及国家标准规范内容为准。

桥梁试验工程师参考教材目录：

1. 中华人民共和国行业标准. 公路桥涵施工技术规范（JTG/T F50—2011）. 北京：人民交通出版社，2011.

2. 中华人民共和国行业标准. 公路工程质量检验评定标准　第一册　土建工程（JTG F80/1—2004）. 北京：人民交通出版社，2004.

3. 中华人民共和国行业标准. 公路工程岩石试验规程（JTG E41—2005）. 北京：人民交通出版社，2005.

4. 中华人民共和国国家标准. 普通混凝土力学性能试验方法标准（GT/T 50081—2004）. 北京：中国建筑工业出版社，2003.

5. 中华人民共和国行业标准. 公路工程基桩动测技术规程（JTG/T F81-01—2004）. 北京：人民交通出版社，2004.

6. 中华人民共和国行业标准. 公路桥梁板式橡胶支座（JT/T 4—2004）. 北京：人民交通出版社，2004.

7. 中华人民共和国行业标准. 公路桥梁伸缩装置（JT/T 327—2004）. 北京：人民交通出版社，2004.

8. 中华人民共和国国家标准. 预应力混凝土用钢绞线（GB/T 5224—2003）. 北京：中国标准出版社，2003.

9. 中华人民共和国国家标准. 预应力混凝土用钢丝（GB/T 5223—2002）. 北京：中国标准出版社，2003.

10. 中华人民共和国行业标准. 公路桥涵养护规范（JTG H11—2004）. 北京：人民交通出版社，1994.

11. 中华人民共和国行业推荐标准. 公路桥梁技术状态评定标准（JTG/T H21—2011）. 北京：人民交通出版社，2011.

12. 中华人民共和国行业推荐标准. 公路桥梁承载能力检测评定规程（JTG/T J21—2011）. 北京：人民交通出版社，2011.

13. 交通运输部工程质量监督局，交通运输部职业资格中心. 公路工程试验检测人员考试用书　桥梁. 北京：人民交通出版社，2012.

14. 王建华，孙胜江. 桥涵工程试验检测技术，北京：人民交通出版社，2004.

15. 章关永. 桥梁结构试验. 北京：人民交通出版社，2010.

16. 张劲泉，王文涛. 桥梁检测与加固手册（上）. 北京：人民交通出版社，2007.

17. 张劲泉，宿健，何寿山，何玉珊. 混凝土旧桥材质状况与耐久性检测评定指南及工程实例. 北京：人民交通出版社，2007.

隧道试验工程师参考教材目录：

1. 中华人民共和国行业标准. 公路工程质量检验评定标准　第一册　土建工程(JTG F80/1—2004). 北京：人民交通出版社，2004.

2. 中华人民共和国行业标准. 公路隧道施工技术规范(JTG F60—2009). 北京：人民交通出版社，2009.

3. 中华人民共和国行业标准. 公路隧道施工技术细则(JTG/T F60—2009). 北京：人民交通出版社，2009.

4. 中华人民共和国行业标准. 公路隧道设计规范(JTG D70—2004). 北京：人民交通出版社，2004.

5. 中华人民共和国行业标准. 公路隧道通风照明设计规范(JTJ 026.1—1999). 北京：人民交通出版社，2000.

6. 公路工程竣(交)工验收办法(2004 年 3 月 31 日　原交通部令 2004 年第 3 号).

7. 公路工程竣(交)工验收办法实施细则(2010 年 2 月 25 日　交通运输部　交公路发[2010]65 号).

8. 中华人民共和国行业标准. 铁路隧道衬砌质量无损检测规范(TB 10223—2004J341—2004). 北京：中国铁道出版社，2004.

9. 中华人民共和国行业标准. 回弹法检测混凝土抗压强度技术规程(JGJ/T 23—2001 J115—2001). 北京：中国建筑工业出版社，2001.

10. 中华人民共和国行业标准. 铁路瓦斯隧道技术规范(TB 10120—2002J160—2002). 北京：中国铁道出版社，2008.

11. 中华人民共和国铁道部. 铁路隧道超前地质预报技术指南(铁建设[2008]105 号). 北京：中国铁道出版社，2008.

12. 交通运输部工程质量监督局，交通运输部职业资格中心. 公路工程试验检测人员考试用书　隧道. 北京：人民交通出版社，2012.

目　录

总 说 明

桥 梁 篇

隧 道 篇

桥　梁　篇

第一部分　练　习　题

第一章　桥梁工程质量评定

一、单项选择题

1.《工程结构可靠度设计统一标准》属于以下哪一类标准?(　)

A. 综合基础标准　　B. 专业基础标准

C. 专业通用标准　　D. 专业专用标准

2.《公路工程技术标准》属于哪一类标准?(　)

A. 综合基础标准　　B. 专业基础标准

C. 专业通用标准　　D. 专业专用标准

3.《公路工程质量检验评定标准》属于以下哪一类标准?(　)

A. 综合基础标准　　B. 专业基础标准

C. 专业通用标准　　D. 专业专用标准

4.《公路桥梁伸缩缝装置》属于以下哪一类标准?(　)

A. 综合基础标准　　B. 专业基础标准

C. 专业通用标准　　D. 专业专用标准

5. 公路桥梁工程质量等级评定的标准尺度是(　)。

A.《公路工程质量检验评定标准》　　B.《公路桥涵施工技术规范》

C.《公路桥涵设计通用规范》　　D. 设计文件

6. 桥梁质量检验评定的基本单元是(　)。

A. 分项工程　　B. 分部工程

C. 单位工程　　D. 施工工序

7. 小桥属于(　)。

A. 分项工程　　B. 分部工程

C. 单位工程　　D. 工程项目

8. 在进行桥梁分项工程质量评分时,涉及结构安全和使用功能的重要实测项目,其合格率不得低于(　)。

A. 75%　　B. 80%　　C. 90%　　D. 100%

9. 在进行桥梁分项工程质量等级评定时,分项工程评分值不小于(　)者为合格。

A. 75 分　　B. 80 分　　C. 90 分　　D. 100 分

10. 评定为不合格的分项工程，经加固补强满足设计要求后，重新评定其分值时，应按复评分的(　)计算。

A. 80%　　B. 90%　　C. 95%　　D. 100%

二、判断题

1. 桥梁试验检测是施工控制的重要手段。(　)
2. 桥梁试验检测可以完善设计理论和为施工工艺积累实践经验。(　)
3. 桥梁试验检测是评价施工质量缺陷和鉴定工程事故的手段。(　)
4.《公路工程质量检验评定标准》是进行桥梁施工质量评定的唯一依据。(　)
5. 桥涵质量等级评定的基础是分部工程。(　)
6. 分项工程评分时，基本要求外观鉴定评分满分为 100 分。(　)
7. 分项工程进行实测项目检查时应按规定频率有规律抽样。(　)
8. 分项工程实测项目计分均应按单点测定值是否符合标准要求进行检测计分。(　)
9. 桥梁质量等级的评定分为优良、合格和不合格 3 个等级。(　)
10. 分部工程和单位工程应按照投资额比重确定相应的评分值。(　)

三、多项选择题

1. 以下试验检测项目属于施工准备阶段的是(　)。

A. 钢材试验　　B. 水泥试验
C. 混凝土配合比试验　　D. 混凝土强度抽样试验
E. 桥梁荷载试验

2. 以下试验检测项目属于施工过程的是(　)。

A. 半成品试验检测　　B. 地基承载力检测
C. 混凝土强度抽样试验　　D. 桩基检测
E. 桥梁荷载试验

3. 公路桥涵质量检验的依据包括(　)。

A.《公路工程质量检验评定标准》　　B.《公路桥涵施工技术规范》
C. 设计文件　　D. 试验规程
E. 法律、法规

4. 以下属于单位工程的是(　)。

A. 大桥　　B. 小桥
C. 互通立交桥　　D. 路基工程
E. 路面工程

5. 以下属于分部工程的是(　)。

A. 基础　　B. 下部结构
C. 上部构造现浇　　D. 防护工程

E. 引道工程

6. 以下属于分项工程的是(　)。

A. 引道工程　B. 防护工程

C. 钢筋加工　D. 构件预制

E. 构件安装

7. 分项工程质量检验的内容包括(　)。

A. 施工准备　B. 基本要求

C. 实测项目　D. 外观鉴定

E. 质量保证资料

8. 施工质量保证资料包括(　)。

A. 原材料检验结果　B. 隐蔽工程施工记录

C. 试验记录　D. 桩基检测

E. 事故处理有关资料

9. 施工单位应对各分项工程按标准所列(　)项目进行自检，对工程质量进行自我评定。(　)。

A. 基本要求　B. 实测项目

C. 和外观鉴定　D. 检测资料

E. 试验项目

10. 钻孔灌注桩实测项目中属于关键项目的是(　)。

A. 混凝土强度　B. 桩位

C. 孔深　D. 孔径

E. 沉淀厚度

11. 钢筋安装实测项目中属于关键项目的是(　)。

A. 受力钢筋间距　B. 箍筋间距

C. 钢筋骨架尺寸　D. 弯起钢筋位置

E. 保护层厚度

12. 钢丝、钢绞线先张法实测项目中属于关键项目的是(　)。

A. 镦头钢丝同束长度相对差　B. 张拉应力值

C. 断丝数量　D. 张拉伸长率

E. 位置

13. 扩大基础实测项目中属于关键项目的是(　)。

A. 砂浆强度　B. 平面尺寸

C. 基础底面高程　D. 基础顶面高程

E. 轴线偏位

14. 混凝土墩、台身实测项目中属于关键项目的是(　)。

A. 混凝土强度　B. 断面尺寸

C. 顶面高程　D. 轴线偏位

E. 竖直度

15. 梁（板）预制实测项目中属于关键项目的是（　）。

A. 混凝土强度　　B. 梁（板）长度

C. 宽度　　D. 高度

E. 断面尺寸

16. 就地浇筑梁（板）实测项目中属于关键项目的是（　）。

A. 混凝土强度　　B. 轴线偏位

C. 梁（板）顶面高程　　D. 断面尺寸

E. 长度

17. 就地浇筑拱圈实测项目中属于关键项目的是（　）。

A. 混凝土强度　　B. 轴线偏位

C. 内弧线偏离设计弧　　D. 断面尺寸

E. 拱宽

18. 桥面铺装实测项目中属于关键项目的是（　）。

A. 强度或压实度　　B. 厚度

C. 平整度　　D. 横坡

E. 抗滑构造深度

四、问答题

1. 分项工程质量等级评定时，质量保证资料主要包括哪些内容？

2. 某桥梁上部结构为现浇连续梁，在进行质量等级评价时，各分项工程评分见下表。

项　目	钢 筋 加 工	预应力筋张拉	主梁浇筑	护栏浇筑
评分值	95	98	94	85

分析说明该桥梁上部结构的质量等级。

第二章　桥梁工程结构试验检测仪器

一、单项选择题

1. 百分表刻度值为(　)。

A. 1mm　B. 0.1mm　C. 0.01mm　D. 0.001mm

2. 千分表刻度值为(　)。

A. 1mm　B. 0.1mm　C. 0.01mm　D. 0.001mm

3. 挠度计刻度值为(　)。

A. 1mm　B. 0.1mm　C. 0.01mm　D. 0.05mm

4. 百分表量测允许误差为(　)。

A. 1mm　B. 0.1mm　C. 0.01mm　D. 0.02mm

5. 千分表量测允许误差为(　)。

A. 1mm　B. 0.1mm　C. 0.01mm　D. 0.001mm

6. 挠度计量测允许误差为(　)。

A. 1mm　B. 0.1mm　C. 0.01mm　D. 0.05mm

7. 位移计应变量测装置测定混凝土构件轴向应变常用的测量标距为(　)。

A. 1～5cm　B. 5～10cm　C. 10～20cm　D. 20～40cm

8. 桥梁工程检测中量测大位移的基本仪表是(　)。

A. 百分表　B. 千分表　C. 挠度计　D. 张线式位移计

9. 张线式位移计环形标尺(字盘)全圈共分 100 度，每度相当于位移(　)。

A. 1mm　B. 0.1mm　C. 0.01mm　D. 0.001mm

10. 利用手持式引伸仪量测构件应变时，标距为 100mm，构件加载前后位移计读数差为 3mm，则构件产生的应变值为(　)。

A. 3mm　B. 0.03mm　C. 33.3mm　D. 103mm

11. 用于静态测量的电阻应变片其绝缘电阻应高于(　)。

A. 50Ω　B. 150Ω　C. 200Ω　D. 500Ω

12. 用于动态测量的电阻应变片其绝缘电阻应高于(　)。

A. 50Ω　B. 150Ω　C. 200Ω　D. 500Ω

13. 用于长期观测的电阻应变片其绝缘电阻应高于(　)。

A. 50Ω　B. 150Ω　C. 200Ω　D. 500Ω

14. 电阻应变仪所用电源必须稳定可靠，输入电压的变化范围应保持在(　)范围内。

A. －10％～＋10％　B. －10％～＋5％

C. －20％～＋10％　D. －20％～＋5％

15. 桥梁结构基础工程动、静态测试一般采用(　)。

A. 钢弦式压力计　　B. 钢弦式荷载传感器

C. 钢弦式位移计　　D. 钢弦式应变传感器

16. 斜拉桥拉索反力一般采用（　）测试。

A. 钢弦式压力计　　B. 钢弦式荷载传感器

C. 钢弦式位移计　　D. 钢弦式应变传感器

17. 桥梁基础沉降一般采用（　）测试。

A. 钢弦式压力计　　B. 钢弦式荷载传感器

C. 钢弦式位移计　　D. 钢弦式应变传感器

18. 结构物表面应变量测一般采用（　）。

A. 钢弦式表面应变传感器　　B. 钢弦式内部应变传感器

C. 钢弦式位移计　　D. 钢弦式钢筋应力传感器

19. 结构物内部应变长期观测一般采用（　）。

A. 钢弦式表面应变传感器　　B. 钢弦式内部应变传感器

C. 钢弦式位移计　　D. 钢弦式应变传感器

20. 量测钢筋混凝土内部钢筋应力采用（　）。

A. 钢弦式钢筋应力传感器　　B. 钢弦式内部应变传感器

C. 钢弦式位移计　　D. 钢弦式应变传感器

21. 用于量测桥梁结构挠度的装置为（　）。

A. 钢弦式位移计　　B. 钢弦式内部应变传感器

C. 连通管　　D. 钢弦式应变传感器

22. 超声波仪应具有最小分度为（　）衰减系统。

A. 1dB　　B. 0.1dB　　C. 0.5dB　　D. 0.01dB

23. 超声波仪应连续正常工作时间不少于（　）。

A. 2h　　B. 4h　　C. 6h　　D. 8h

24. 数字式超声波仪波形最大储存长度不宜小于（　）。

A. 2kb　　B. 4kb　　C. 6kb　　D. 8kb

25. 超声检测仪通过测量空气声速进行自身校验时，空气声速测量值与空气声速计算值相对误差不得大于（　）。

A. ±0.1%　　B. ±0.5%　　C. ±1%　　D. ±2%

26. 桥梁结构动位移量测一般采用（　）。

A. 千分表　　B. 惯性式传感器　　C. 应变计　　D. 挠度仪

27. 桥梁结构振动检测，估计最大振动加速度值不应超过传感器最大允许冲击加速度的（　）。

A. 1/2　　B. 1/3　　C. 1/5　　D. 1/10

28. 利用全站仪进行电磁波测距的基本公式 $D=\frac{1}{2}ct_{2D}$，式中 t_{2D} 为（　）。

A. 温度　　B. 光从仪器到目标传播的时间

C. 光速　　D. 光从仪器到目标往返传播的时间

29. 自动安平水准仪，（　）。

A. 既没有圆水准器也没有管水准器　　B. 没有圆水准器

C. 既有圆水准器也有管水准器　　D. 没有管水准器

30. 进行水准仪 i 角检验时，A，B 两点相距 80m，将水准仪安置在 A，B 两点中间，测得高差 $h_{AB}=0.125$m，将水准仪安置在距离 B 点 2～3m 的地方，测得的高差为 $h'_{AB}=0.186$m，则水准仪的 i 角为(　)。

A. 157″　　B. 157″　　C. 0.000 76″　　D. 0.000 76″

31. 用光学经纬仪测量水平角与竖直角时，度盘与读数指标的关系是(　)。

A. 水平盘转动，读数指标不动；竖盘不动，读数指标转动

B. 水平盘转动，读数指标不动；竖盘转动，读数指标不动

C. 水平盘不动，读数指标随照准部转动；竖盘随望远镜转动，读数指标不动

D. 水平盘不动，读数指标随照准部转动；竖盘不动，读数指标转动

32. 测量仪器望远镜视准轴的定义是(　)的连线。

A. 物镜光心与目镜光心　　B. 目镜光心与十字丝分划板中心

C. 物镜光心与十字丝分划板中心

33. 转动目镜对光螺旋的目的是使(　)十分清晰。

A. 物像　　B. 十字丝分划板　　C. 物像与十字丝分划板

34. 观测水平角时，照准不同方向的目标，应如何旋转照准部。(　)

A. 盘左顺时针，盘右逆时针方向　　B. 盘左逆时针，盘右顺时针方向

C. 总是顺时针方向　　D. 总是逆时针方向

35. 水准尺向前或向后方向倾斜对水准测量读数造成的误差是(　)。

A. 偶然误差　　B. 系统误差

C. 可能是偶然误差也可能是系统误差　　D. 既不是偶然误差也不是系统误差

36. 水准器的分划值越大，说明(　)。

A. 内圆弧的半径大　B. 其灵敏度低　　C. 气泡整平困难　　D. 整平精度高

37. 普通水准尺的最小分划为 1cm，估读水准尺 mm 位的误差属于(　)。

A. 偶然误差　　B. 系统误差

C. 可能是偶然误差也可能是系统误差　　D. 既不是偶然误差也不是系统误差

38. 水准仪的(　)应平行于仪器竖轴。

A. 视准轴　　B. 圆水准器轴　　C. 十字丝横丝　　D. 管水准器轴

39. 用光学经纬仪测量水平角与竖直角时，度盘与读数指标的关系是(　)。

A. 水平盘转动，读数指标不动；竖盘不动，读数指标转动

B. 水平盘转动，读数指标不动；竖盘转动，读数指标不动

C. 水平盘不动，读数指标随照准部转动；竖盘随望远镜转动，读数指标不动

D. 水平盘不动，读数指标随照准部转动；竖盘不动，读数指标转动

二、判断题

1. 桥梁检测用机械式仪表灵敏度高，读数放大能力强。(　)

2. 在进行桥梁检测时应尽可能使用高灵敏度、高准确度的仪器。（ ）

3. 位移计应变量测装置主要用于量测结构构件的轴向应变。（ ）

4. 对受荷后会发生曲率变化的构件，不宜用位移计应变装置测定其表面应变。（ ）

5. 利用位移计求得结构表面某一点对其邻近两点连线的挠度差，可近似推算出该构件的曲率。（ ）

6. 张线式位移计环形标尺读数精度为 0.1mm，目估可达 0.01mm。（ ）

7. 张线式位移计悬挂的重物应使钢丝的应力达到钢丝极限应力的一半左右。检测前必须以检测时锤重的 1.5 倍重物悬挂 2～3 天，以消除钢丝的徐变，减少量测误差。（ ）

8. 手持式引伸仪适合长期观测和多点检测，可解决需大量或长期占用仪器的困难。（ ）

9. 手持式引伸仪量测精度随操作人员和每次操作方式的改变而改变。因此检测时不宜更换操作者。（ ）

10. 对应力梯度较大、材质均匀的结构和构件，应选用大标距电阻应变片；对应力分布变化缓慢、材质不均匀的结构和构件，应选用小标距电阻应变片。（ ）

11. 构件承受一维应力，则选用单轴电阻应变片；构件承受二维应力，当主应力方向已知时，可使用直角应变花；当主应力方向未知时，必须使用多轴应变花。（ ）

12. 对于长期动荷载作用下的应变量测，应选择疲劳寿命长的电阻应变片；当量测塑性范围的应变时，应选择机械应变极限值高的电阻应变片。（ ）

13. 金属表面粘贴电阻应变片前砂布打磨方向应于电阻应变片主轴方向呈直角。（ ）

14. 静态量测时电阻应变片连接导线一般采用聚氯乙烯塑料包皮多股铜导线。（ ）

15. 动态量测时电阻应变片连接导线一般采用聚氯乙烯绝缘及护套屏蔽四芯电缆作为连接导线。（ ）

16. 电阻应变片连接导线焊接应选用酸性助焊剂，慎用松香焊锡丝。（ ）

17. 电桥测量应变的基本原理是基于电桥的输出电压与应变片的电阻变化率的代数和成反比例。（ ）

18. 手持式静态电阻应变仪只适用于测点较少和小型构件的静载试验。（ ）

19. 静态应变测量系统适用于大型结构、桥梁以及多测点的静载试验。（ ）

20. 钢弦式传感器是根据振幅的变化来反映外界作用力的大小。（ ）

21. 钢弦式表面应变计安装完成后，应使其初始频率与出厂标定的初始频率值一致。（ ）

22. 钢弦式钢筋应力计焊接时必须对应力计进行冷却，以免焊接高温产生应力集中影响量测精度。（ ）

23. 钢弦式钢筋应力计焊接前、后应分别对其初始频率进行测试，测试结果应和标定表的零点频率相同。（ ）

24. 钢弦式内部应变传感器量测混凝土结构内部应变时，应将传感器完全被混凝土紧密嵌固，保证量测的准确性。（ ）

25. 采用连通管测量桥梁挠度时，桥梁跨径越大，则测量精度越高。（ ）

26. 超声波仪通过发射换能器产生高压脉冲信号进入被测介质；接受换能器将接受到的高压脉冲信号转化为电信号，经数据采集系统转换为数字信号进入主机系统，然后在主机控制下进行波形显示。（ ）

27. 超声波仪发射换能器将电能转化为声能，并传输超声波；接受换能器接受并将超声能量转化为电能，转换后的电信号送到主机进行处理。( )

28. 超声检测仪应在温度－10～＋40℃、相对湿度小于或等于 90％、电源电压在 220V±10％的环境下能够正常工作。( )

29. 超声检测仪厚度振动方式换能器的频率宜选用 20～60kHz；径向振动方式换能器的频率宜选用 20～250kHz。( )

30. 超声检测仪换能器的实测主频与标称频率相差应不大于±10％；水中换能器水密性应保证在 1MPa 水压下不渗漏。( )

31. 当采用一只厚度振动式换能器和一只径向振动式换能器进行检测时，声时初读数可取该厚度振动式换能器和径向振动式换能器的初读数之和。( )

32. 测振传感器是通过测量惯性质量相对于传感器外壳的运动，直接测定振动物体的振动特性。( )

33. 测振传感器当质量快的振幅和振动体的振幅接近相等，而它们的相位相反时，为测振传感器的理想状态。( )

34. 在选择和设计测振传感器时，应使传感器的固有频率与所测振动体的频率之比尽可能大。( )

35. 惯性式测振传感器，传感器位移幅值与被测振动体的加速度幅值成反比。( )

36. 一般来说，高灵敏度的传感器用于检测幅度小的振动，低灵敏度的传感器用于检测幅度较大的振动。( )

37. 视准轴是目镜光心与物镜光心的连线。( )

38. 双盘位观测某个方向的竖直角可以消除竖盘指标差的影响°。( )

39. 系统误差影响观测值的准确度，偶然误差影响观测值的精密度。( )

40. 经纬仪整平的目的是使视线水平。( )

41. 用一般方法测设水平角时，应采用盘左盘右取中的方法。( )

42. 三等水准测量采用“后—前—前—后”的观测顺序可以削弱大气折光的影响。( )

43. 全站仪和水准仪都可以利用脚螺旋进行精确整平。( )

44. 转动目镜调焦螺旋的目的是使十字丝分划板成像清晰。( )

45. 经纬仪只能用来测量角度不可以测量距离。( )

三、多项选择题

1. 桥梁检测机械式仪表整体一般包括( )。

A. 感受机构　　B. 变换机构

C. 指示装置　　D. 标定装置

E. 附属装置

2. 接触式位移计包括( )。

A. 引伸仪　　B. 百分表

C. 张线式位移计　　D. 千分表

E. 挠度计

3. 百分表、千分表可直接量测以下哪些指标（ ）。

A. 应变　　B. 转角

C. 挠度　　D. 位移

E. 曲率

4. 目前常用的电子位移计包括（ ）。

A. 应变式位移计　　B. 电测百分表

C. 电阻式位移计　　D. 差动变压器式位移计

E. 光电挠度计

5. 电阻应变片按其构造、制造工艺及材料可分为（ ）。

A. 丝栅式　　B. 箔片式

C. 半导体式　　D. 薄片式

E. 机械式

6. 电阻应变仪测试前需设置参数包括（ ）。

A. 测量范围　　B. 修正值

C. 补偿点　　D. 测桥方式

E. 电压值

7. 桥梁检测用机械仪表需标定的包括（ ）。

A. 百分表　　B. 千分表

C. 测力计　　D. 温度计

E. 回弹仪

8. 桥梁检测用电子仪器需标定的包括（ ）。

A. 超声波仪　　B. 应变仪

C. 应变计　　D. 荷载传感器

E. 回弹仪

9. 桥梁检测用光学仪器需标定的包括（ ）。

A. 精密水准仪　　B. 激光挠度仪

C. 倾角仪　　D. 读数显微镜

E. 百分表

10. 超声波仪测量参数包括（ ）。

A. 传播速度　　B. 传播时间

C. 振幅　　D. 频率

E. 波形

11. 智能型超声波仪组成部分包括（ ）。

A. 主机　　B. 高压发射系统

C. 程控放大系统　　D. 数据采集与传输系统

E. 电源系统

12. 超声检测仪在检测时仪器显示时间包括（ ）。

A. 被测物体传播时间　　B. 电延迟时间
C. 电声转换时间　　D. 声延迟时间
E. 导线延迟时间

13. 超声检测仪在使用时应注意以下事项（　）。
A. 避免电磁干扰　　B. 干燥处保存
C. 严禁敲打　　D. 合适环境温度
E. 密封保存

14. 压电式加速度传感器主要技术指标包括（　）。
A. 灵敏度　　B. 安装谐振频率
C. 频率响应　　D. 横向灵敏度比
E. 幅值范围

15. 桥梁振动测试传感器安装方法包括（　）。
A. 螺栓固定法　　B. 磁铁安装法
C. 粘贴法　　D. 表面接触法
E. 压紧法

16. 全站仪的主要技术指标有（　）。
A. 最大测程　　B. 测距标称精度
C. 测角精度　　D. 放大倍率
E. 自动化和信息化程度

17. 当经纬仪竖轴与仰视、平视、俯视的三条视线位于同一竖直面内时，其水平度盘读数值（　）。
A. 相等
B. 不等
C. 均等于平视方向的读数值
D. 仰视方向读数值比平视度盘读数值大
E. 俯视方向读数值比平视方向读数值小

18. 全站仪除能自动测距、测角外，还能快速完成一个测站所需完成的工作，包括（　）。
A. 计算平距、高差
B. 计算三维坐标
C. 按水平角和距离进行放样测量
D. 按坐标进行放样
E. 将任一方向的水平角置为 0°00′00″

19. 高程测量按使用的仪器和方法不同分为（　）。
A. 水准测量　　B. 闭合路线水准测量
C. 附合路线水准测量　　D. 三角高程测量
E. 三、四、五等水准测量

20. 微倾式水准仪应满足如下几何条件（　）。
A. 水准管轴平行于视准轴　　B. 横轴垂直于仪器竖轴
C. 水准管轴垂直于仪器竖轴　　D. 圆水准器轴平行于仪器竖轴

E. 十字丝横丝应垂直于仪器竖轴

21. 在水准测量时，若水准尺倾斜时，其读数值（ ）。

A. 当水准尺向前或向后倾斜时增大

B. 当水准尺向左或向右倾斜时减少

C. 总是增大

D. 总是减少

E. 不论水准尺怎样倾斜，其读数值都是错误的

22. 方向观测法观测水平角的侧站限差有（ ）。

A. 归零差　　B. 2C 误差

C. 测回差　　D. 竖盘指标差

E. 阳光照射的误差。

23. 经纬仪对中的基本方法有（ ）。

A. 光学对点器对中　　B. 垂球队中

C. 目估对中　　D. 对中杆对中

E. 激光对点器

四、问答题

1. 在桥梁检测中对测量仪表有哪些基本要求？
2. 采用位移计量测挠度和应变时应注意哪些事项？
3. 简述百分表(千分表)安装方法及使用注意事坝。
4. 绘图说明简支梁梁端转角量测方法。
5. 如何消除温度变化对引伸仪量测精度的影响？
6. 简述电阻应变片选用的原则，并说明贴结的主要技术指标。

第三章　桥涵原材料试验检测

一、单项选择题

1. 石料单轴抗压强度试验用立方体试件应为(　)立方体。
A. 100mm×100mm×100mm　B. 150mm×150mm×150mm
C. 200mm×200mm×200mm　D. 70mm×70mm×70mm

2. 石料的单轴抗压强度试验用试件个数为(　)个。
A. 3　B. 6　C. 9　D. 12

3. 石料单轴抗压强度试验加压速率应保持在(　)MPa/s。
A. 0.05～0.1　B. 0.5～1.0　C. 1～2　D. 5～10

4. 石料的单轴压缩变形采用的试件为(　)。
A. 100mm×100mm×100mm 立方体　B. 150mm×150mm×150mm 立方体
C. 200mm×200mm×200mm 立方体　D. 直径为 50mm,高径比 2:1 圆柱体

5. 石料的单轴压缩变形采用的试件个数为(　)。
A. 3　B. 6　C. 9　D. 12

6. 采用电阻应变片法测定石料压缩变形,要求应变片栅长应大于岩石矿物最大粒径(　)倍。
A. 2　B. 5　C. 10　D. 20

7. 采用电阻应变片法测定石料压缩变形,纵横向应变片数量均应不少于(　)片。
A. 1　B. 2　C. 3　D. 4

8. 石料的单轴压缩变形试验加载速率为(　)MPa/s。
A. 0.1～0.5　B. 0.5～1.0　C. 1～2　D. 5～10

9. 石料软化系数计算取 3 个试件算术平均值,3 个值中最大与最小之差不应超过平均值的(　)。
A. 10%　B. 15%　C. 20%　D. 25%

10. 石料抗冻性冻融次数在严寒地区为(　)次。
A. 15　B. 20　C. 25　D. 50

11. 石料抗冻性冻融次数在寒冷地区为(　)次。
A. 15　B. 20　C. 25　D. 50

12. 大中桥石料冻融循环次数为(　)次。
A. 15　B. 20　C. 25　D. 50

13. 小桥涵石料冻融循环次数为(　)次。
A. 15　B. 20　C. 25　D. 50

14. 某石料未经冻融试验的试件饱水抗压强度为 34MPa,经 50 次冻融试验后饱水抗压强

度为 32MPa，则其耐冻系数为（　）。

A. 34/32　　B. 32/34　　C. 32/33　　D. 1.0

15. 石料一般要求冻融后的质量损失率小于（　）。

A. 1%　　B. 2%　　C. 4%　　D. 5%

16. 石料的耐冻系数要求大于等于（　）。

A. 50%　　B. 70%　　C. 75%　　D. 90%

17. 混凝土抗压强度试验标准试件为（　）。

A. 100mm×100mm×100mm 立方体

B. 150mm×150mm×150mm 立方体

C. 200mm×200mm×200mm 立方体

D. ϕ100mm×200mm 圆柱体

18. 混凝土抗折强度试验标准试件为（　）。

A. 立方体　　B. 圆柱体　　C. 棱柱体　　D. 球体

19. 混凝土试件相邻面间的夹角公差不得超过（　）。

A. 0.1°　　B. 0.5°　　C. 1°　　D. 2°

20. 混凝土试件尺寸公差不得超过（　）mm。

A. 0.1　　B. 0.5　　C. 1　　D. 2

21. 室内拌制混凝土时，水泥、掺和料、水、外加剂的称量精度为（　）。

A. 0.5%　　B. 1.0%　　C. 1.5%　　D. 2.0%

22. 室内拌制混凝土时，集料的称量精度为（　）。

A. 0.5%　　B. 1.0%　　C. 1.5%　　D. 2.0%

23. 混凝土坍落度不大于（　）mm 时宜采用振动台振实试件。

A. 20　　B. 30　　C. 50　　D. 70

24. 混凝土标准养生的温度为（　）。

A. 20℃±2℃　　B. 20℃±3℃　　C. 25℃±2℃　　D. 23℃±2℃

25. 混凝土标准养生的湿度为（　）。

A. 90%　　B. 92%　　C. 95%　　D. 100%

26. 混凝土标准养生的龄期为（　）d。

A. 7　　B. 14　　C. 28　　D. 60

27. 钢筋闪光对焊接头处的钢筋轴线偏移不得大于（　）倍的钢筋直径，同时不得大于 2mm。

A. 1　　B. 0.1　　C. 0.3　　D. 2

28. 压力机测量精度为（　）。

A. ±0.5%　　B. ±1.0%　　C. ±2.0%　　D. ±5%

29. 压力机鉴定周期为（　）。

A. 3 个月　　B. 6 个月　　C. 1 年　　D. 2 年

30. 当混凝土强度等级小于 C30 时，加载速率应为（　）MPa/s。

A. 0.1～0.5　　B. 0.3～0.5　　C. 0.5～0.8　　D. 0.5～1.0

31. 当混凝土强度等级为 C40 时，加载速率应为（　）MPa/s。

A. 0.1～0.5　　B. 0.3～0.5　　C. 0.5～0.8　　D. 0.80～1.0

32. 某组混凝土试件测得3个试件的抗压强度为35MPa、37MPa、45MPa，则该组试件的强度为（　）。

A. 35MPa　　B. 37MPa　　C. 45MPa　　D. 无效

33. 混凝土静压弹性模量试验需制作（　）个试件。

A. 3　　B. 6　　C. 9　　D. 12

34. 混凝土抗折强度试验，当混凝土强度等级小于C30时，加载速度为（　）MPa/s。

A. 0.02～0.05　　B. 0.08～0.1　　C. 0.1～0.5　　D. 0.5～1.0

35. 混凝土收缩试验，试件恒温恒湿的条件为（　）。

A. 20℃±2℃；60%±5%　　B. 20℃±5℃；60%±5%

C. 25℃±2℃；90%±5%　　D. 25℃±5℃；90%±5%

36. 混凝土收缩试验，试件在恒温恒湿养生时，相邻试件之间应至少留有（　）mm间隙。

A. 10　　B. 20　　C. 30　　D. 40

37. 混凝土收缩试验，试件应密封处理，如在180d试验间隙内质量变化超过（　）g结果无效。

A. 5　　B. 10　　C. 15　　D. 20

38. 混凝土徐变试验时徐变应力为所测的棱柱体抗压强度的（　）。

A. 30%　　B. 40%　　C. 50%　　D. 60%

39. 钢材的主要力学指标是（　）。

A. 强度　　B. 塑性　　C. 冷弯性能　　D. 硬度

40. 反映钢材受力变形的性能指标是（　）。

A. 强度　　B. 塑性　　C. 冷弯性能　　D. 硬度

41. 反映钢材承受弯曲的性能指标是（　）。

A. 强度　　B. 塑性　　C. 冷弯性能　　D. 硬度

42. 反映钢材承受反复应力作用的指标是（　）。

A. 强度　　B. 塑性　　C. 冷弯性能　　D. 耐疲劳性

43. 中碳钢和高碳钢取残余变形（　）的应力作为屈服强度。

A. 0.2%　　B. 0.5%　　C. 1%　　D. 2%

44. 钢筋拉力试验时，当强度和伸长率有一个指标不符合标准时，应重新取（　）倍试件重新试验。

A. 2　　B. 3　　C. 4　　D. 5

45. 钢筋分批验收时，每批的质量不宜大于（　）t，超过规定后，每增加40t应增加一个拉伸和一个弯曲试验试样。

A. 20　　B. 40　　C. 60　　D. 80

46. 采用冷拉方法调直钢筋时，HPB325级钢筋的冷拉率不宜大于（　）。

A. 1%　　B. 2%　　C. 3%　　D. 5%

47. 预应力混凝土用精轧螺纹钢筋验收每批钢筋的质量不得大于（　）t。

A. 20　　B. 30　　C. 60　　D. 100

48. 预应力混凝土用高强钢丝验收每批钢筋的质量不得大于(　)t。

A. 20　B. 30　C. 60　D. 100

49. 预应力混凝土用钢绞线验收每批钢筋的质量不得大于(　)t。

A. 20　B. 30　C. 60　D. 100

50. 钢绞线应力松弛性能试验，要求环境温度应始终保持在(　)。

A. 20℃±2℃　B. 25℃±2℃　C. 30℃±2℃　D. 15℃±2℃

51. 钢绞线应力松弛性能试验，试验标距长度不小于公称直径的(　)倍。

A. 10　B. 20　C. 30　D. 60

52. 钢绞线应力松弛性能试验，允许至少用(　)h 的测试数据推算 1 000h 的松弛率值。

A. 10　B. 24　C. 48　D. 100

53. 钢筋的焊接，应优先选用(　)。

A. 电弧焊　B. 压力焊　C. 气压焊　D. 闪光对焊

54. 钢筋闪光对焊接头，接头的验收每批不超过(　)个。

A. 100　B. 200　C. 250　D. 300

55. 钢筋接头力学性能试验，拉伸试验和弯曲试验的试件个数分别为(　)个。

A. 3,2　B. 3,3　C. 2,3　D. 2,2

56. 钢筋接头拉伸试验，要求至少有(　)个试件断于焊缝之外。

A. 0　B. 1　C. 2　D. 3

57. 钢筋电弧焊接头，接头的验收每批不超过(　)个。

A. 100　B. 200　C. 250　D. 300

58. 钢筋接头拉伸试验，要求(　)个试件强度不得低于该级别钢筋规定抗拉强度值。

A. 0　B. 1　C. 2　D. 3

59. 钢筋接头采用搭接焊或绑条焊时，单面焊和双面焊焊缝的长度应分别满足(　)。

A. $10d,5d$　B. $10d,10d$　C. $5d,10d$　D. $10d,20d$

60. 混凝土静压弹性模量试验最大加载为轴心抗压强度的(　)倍。

A. 1　B. 2/3　C. 1/3　D. 1/4

61. 在石料的力学性能试验评定指标中，要求冻融后的质量损失率(　)和耐冻系数(　)。

A. ≤2%,≥75%　B. ≤5%,≥65%

C. ≤6%,≥70%　D. ≤8%,≥80%

62. 当碎石的粒径为 40mm 时，选用边长为(　)mm 的立方体试模制作试块。

A. 100　B. 150　C. 200　D. 250

63. 混凝土碳化的主要危害是导致(　)。

A. 钢筋锈蚀　B. 混凝土开裂

C. 混凝土强度降低　D. 混凝土弹性模量减小

64. 作为评定结构或构件混凝土强度质量的抗压试块，应在(　)制作。

A. 施工现场　B. 浇筑点　C. 试验室　D. 拌和站

65. 混凝土的抗压强度制作试块的最小尺寸应根据(　)而定。

A. 混凝土量　B. 混凝土强度

C. 集料粒径　　D. 试模

66. 混凝土的劈裂强度是测定混凝土立方体试件的(　)。

A. 抗压强度　　B. 抗劈强度

C. 抗拉强度　　D. 抗剪强度

67. 混凝土的抗冻性能试验是测定以一定试验条件下混凝土试件所能经受的(　)为指标的抗冻等级。

A. 冷冻时间　　B. 耐低温度数

C. 冻融循环次数　　D. 耐融温度数

68. 混凝土的立方体抗压试验是检验(　)并为控制施工质量提供依据。

A. 混凝土强度等级及水泥用量

B. 材料质量、确定以及校验混凝土配合比

C. 水灰比

D. 水泥用量

69. 混凝土的物理力学性能试验，试件的数量(　)。

A. 以 3 个试件为 1 组　　B. 按混凝土量而定

C. 按部位 1 个部位 1 组　　D. 以 6 个试件为 1 组

70. 普通混凝土必试项目有(　)。

A. 坍落度试验和抗压强度试验　　B. 坍落度试验、抗压强度试验及抗拉强度试验

C. 坍落度试验及抗拉强度试验　　D. 抗压强度试验

71. 普通混凝土力学性能试验设备的试模组装后连接面缝隙不得大于(　)mm。

A. 0. 2　　B. 0. 3　　C. 0. 4　　D. 0. 5

72. 混凝土试块标准养生条件应为(　)。

A. 20℃±3℃，相对湿度>90%　　B. 23℃±5℃，相对湿度>95%

C. 20℃±5℃，相对湿度>95%　　D. 20℃±2℃，相对湿度≥95%

73. 混凝土立方体试块的抗压强度最大的是边长为(　)立方体试块。

A. 100mm　　B. 150mm　　C. 200mm　　D. 300mm

74. 采用 100mm 的立方体试件得到的抗压强度需要乘(　)的修正系数。

A. 0. 90　　B. 0. 95　　C. 1. 0　　D. 1. 05

75. 在实验室拌制混凝土时，其材料用量应以(　)计。

A. 体积　　B. 质量　　C. 重度　　D. 密度

76. 测定代表某一混凝土收缩性能的特征值时，试件的龄期应从(　)算起。

A. 测定初始长度时　　B. 拌制混凝土结束时

C. 混凝土试件成型时　　D. 混凝土试件有一定强度时

77. 为了测定钢筋断后伸长率，正确的方法是(　)。

A. 应将试样断裂的部分对接在　起使其轴线处于同一直线上，然后使用卷尺测量断后标距，准确到±1mm

B. 应将试样断裂的部分对接在一起使其轴线处于同一直线上，并采用特别措施确保试样断裂部分适当接触，然后使用卷尺测量断后标距，准确到±0. 25mm

C. 应将试样断裂的部分对接在一起使其轴线处于同一直线上，并采用特别措施确保试样断裂部分适当接触，然后使用分辨率优于 1mm 的量具或测量装置测定断后标距，准确到±0.25mm

D. 应将试样断裂的部分对接在一起使其轴线处于同一直线上，并采用特别措施确保试样断裂部分适当接触，然后使用分辨率优于 0.1mm 的量具或测量装置测定断后标距，准确到±0.25mm

78. 液压式压力试验机适用于金属材料、非金属材料的（　）试验。

A. 抗拉　　B. 冲击　　C. 抗压　　D. 弯曲

79. 试验机荷载指示机构密封在玻璃罩内，指示度盘上的指示荷载值指针有两根，一根为（　）指示出荷载值。

A. 调式针　　B. 随动针　　C. 指示针　　D. 主动针

80. 碳素结构钢经机械性能试验评定为 Q235 钢材，是由（　）及冲击等指标来评定的。

A. 变形量　　B. 屈服点　　C. 破坏荷载　　D. 抗拉强度

81. 钢筋拉伸试验一般应在（　）温度条件下进行。

A. 23℃±5℃　　B. 0℃～35℃　　C. 5℃～40℃　　D. 10℃～35℃

82. 钢筋经冷拉后，其屈服点（　）塑性和韧性（　）。

A. 升高，降低　　B. 降低，降低

C. 升高，升高　　D. 降低，升高

83. 在进行钢筋拉伸试验时，所用万能试验机测力计示值误差不大于极限荷载的（　）。

A. ±5%　　B. ±2%　　C. ±1%　　D. ±3%

84. 钢材拉伸试验，试件的伸长率，就是试样拉断后，其标距部分增加长度与（　）的百分比。

A. 增加长度　　B. 规定长度

C. 原标距长度　　D. 5 倍钢筋直径长度

85. $\phi20$ 钢筋抗拉试验时，标距 $L_0=200$mm，拉伸后 $L'=240$mm，则延伸率为（　）。

A. 15%　　B. 20%　　C. 25%　　D. 30%

86. 钢筋冷弯试验后，弯曲外侧表面无裂纹指的是（　）。

A. 长度>1mm，≤3mm　　B. 长度>2mm，≤5mm

C. 长度>3mm，≤5mm　　D. 长度>5mm，≤10mm

87. 钢筋混凝土非预应力钢筋拉伸试件截取长度一般大于（　）。

A. $5d+150$mm　　B. $10d+150$mm

C. $5d+200$mm　　D. $10d+200$mm

88. 钢筋混凝土非预应力钢筋弯曲试件截取长度一般大于（　）。

A. $5d+150$mm　　B. $10d+150$mm

C. $5d+200$mm　　D. $10d+200$mm

89. 用于钢筋力学性能检测的试验机应选择合适的量程，试件破坏荷载必须在试验机全量程的（　）之间。

A. 10%～90%　　B. 20%～80%

C. 10%～80%　　D. 20%～90%

90. 相同塑性的钢材，伸长率 δ_5 要比 δ_{10}（　）。

A. 相等　　B. 小　　C. 大　　D. 不一定

91. 钢材冷弯性能试验中，同一品种的钢材对弯曲角度的要求（　）。

A. 都是 90°　　B. 都是 180°

C. 要求一样　　D. 与钢筋直径有关

92. 中碳钢和高碳钢没有明显的屈服点，通常以残余变形 0.2%的应力作为名义（　）。

A. 屈服强度　　B. 拉伸强度

C. 弯曲强度　　D. 极限强度

93. 在热轧钢筋的冷弯试验中，弯心直径与钢筋直径之比（　），弯心角度与钢筋直径（　）。

A. 不变，无关　　B. 变化，有关

C. 变化，无关　　D. 不变，有关

94. 每批热轧带肋钢筋拉伸试验和冷弯试验的试件数量分别为（　）。

A. 1 和 2　　B. 2 和 2　　C. 2 和 1　　D. 1 和 1

95. 钢绞线计算面积比相同数量钢丝面积之和（　）。

A. 较大　　B. 较小　　C. 相等　　D. 无法比较

96. 测定钢绞线规定非比例延伸力时，预加负荷为规定非比例延伸力的（　）。

A. 5%　　B. 10%　　C. 15%　　D. 20%

97. 应力松弛性能试验时，允许用至少 100h 的测试数据推算（　）h 的松弛率值。

A. 1 000　　B. 500　　C. 2 000　　D. 2 500

98. 钢绞线强度标准值一般是根据（　）确定的。

A. 屈服强度　　B. 抗拉强度

C. 名义屈服强度　　D. 与强度无关

99. 钢绞线常规检验的标距长度一般不小于（　）cm。

A. 60　　B. 70　　C. 80　　D. 50

100. 钢筋焊接前必须根据施工条件进行试焊，按不同的焊接方法至少抽取每组（　）个试样进行基本力学性能检验，合格后方可正式施焊。

A. 1　　B. 2　　C. 3　　D. 5

101. 当桥涵混凝土采用碱活性集料时，宜选用含碱量不大于（　）的低碱水泥。

A. 0.1%　　B. 0.2%　　C. 0.5%　　D. 0.6%

102. 桥涵施工现场水泥性能检测时，散装水泥每一验收批数量为（　）。

A. 100t　　B. 200t　　C. 400t　　D. 500t

103. 水泥混凝土细集料按同产地、同规格、连续进场验收批数量不超过（　）。

A. 200m³　　B. 400m³　　C. 600m³　　D. 800m³

104. 中砂的细度模数取值范围为（　）。

A. 3.7～3.1　　B. 3.0～2.3　　C. 2.2～1.6　　D. 1.6～1.0

105. 水泥混凝土粗集料按技术要求分为（　）类。

A. 2　　B. 3　　C. 4　　D. 5

106.水泥混凝土粗集料岩石抗压强度与混凝土抗压强度等级之比应不小于（ ）。

A. 1.0　　B. 1.2　　C. 1.5　　D. 2.0

107.水泥混凝土处于寒冷地区，且经常处于干湿交替状态时，要求粗集料在硫酸钠溶液中循环5次后的质量损失小于（ ）。

A. 3%　　B. 5%　　C. 6%　　D. 10%

108.对于一般桥涵，要求混凝土总碱量不宜大于（ ）。

A. $1kg/m^3$　　B. $2kg/m^3$　　C. $3kg/m^3$　　D. $5kg/m^3$

109.对于特大桥、大桥和重要小桥，要求混凝土总碱量不宜大于（ ）。

A. $1kg/m^3$　　B. $2kg/m^3$　　C. $1.8kg/m^3$　　D. $3kg/Bm^3$

110.泵送混凝土拌和物的出机塌落度宜为（ ）。

A. 50～100mm　　B. 100～150mm　　C. 100～200mm　　D. 150～200mm

111.泵送混凝土拌和物入模时的塌落度宜控制在（ ）。

A. 50～150mm　　B. 80～180mm　　C. 100～200mm　　D. 150～200mm

112.混凝土现场拌制时，水泥允许偏差为（ ）。

A. 0.5%　　B. 1%　　C. 1.5%　　D. 2%

113.混凝土现场拌制时，粗细集料允许偏差为（ ）。

A. 0.5%　　B. 1%　　C. 1.5%　　D. 2%

114.混凝土现场拌制时，拌和用水允许偏差为（ ）。

A. 0.5%　　B. 1%　　C. 1.5%　　D. 2%

115.大体积混凝土进行配合比设计及质量评定时，可按（ ）龄期的抗压强度进行控制。

A. 14d　　B. 28d　　C. 60d　　D. 90d

116.对有抗冻性要求的混凝土，其最大水胶比应小于（ ）。

A. 0.35　　B. 0.4　　C. 0.5　　D. 0.55

117.对有抗渗性要求的混凝土，其凝胶材料总量不宜小于（ ）。

A. $300kg/m^3$　　B. $320kg/m^3$　　C. $340kg/m^3$　　D. $360kg/m^3$

118.高强混凝土凝胶材料总量不宜大于（ ）。

A. $450kg/m^3$　　B. $500kg/m^3$　　C. $550kg/m^3$　　D. $600kg/m^3$

119.高强混凝土水泥用量不宜大于（ ）。

A. $400kg/m^3$　　B. $450kg/m^3$　　C. $500kg/m^3$　　D. $550kg/m^3$

120.连续浇筑大体积混凝土，要求每 $200m^3$ 或每一工作班应制取混凝土试件不少于（ ）。

A. 1组　　B. 2组　　C. 3组　　D. 4组

121.预应力筋进场后存放时间不宜超过（ ）。

A. 1月　　B. 2月　　C. 3月　　D. 6月

122.后张法预应力筋张拉时，要求混凝土弹性模量应不低于28d弹性模量的（ ）。

A. 75%　　B. 80%　　C. 90%　　D. 100%

123.后张法预应力混凝土构件，孔道压浆材料中氯离子含量不应超过胶凝材料（ ）。

A. 0.05%　　B. 0.06%　　C. 1.0%　　D. 1.2%

124. 后张法预应力混凝土构件，孔道压浆材料比表面积应大于（ ）。

A. $300m^2/kg$　B. $350m^2/kg$　C. $400m^2/kg$　D. $450m^2/kg$

125. 后张法预应力混凝土构件，孔道压浆材料三氧化硫含量不应超过（ ）。

A. 2%　B. 4%　C. 6%　D. 8%

126. 后张法预应力混凝土构件，孔道压浆材料 24h 自由泌水率为（ ）。

A. 0　B. 1%　C. 2%　D. 4%

127. 后张法预应力混凝土构件，孔道压浆材料 3h 钢丝间泌水率为（ ）。

A. 0　B. 1%　C. 2%　D. 4%

128. 后张法预应力混凝土构件，孔道压浆材料压力泌水率为（ ）。

A. ≤1%　B. 2%　C. 3%　D. 4%

129. 后张法预应力混凝土构件，孔道压浆材料 3h 后自由膨胀率为（ ）。

A. 0～1%　B. 1%～2%　C. 0～2%　D. 2%～3%

130. 后张法预应力混凝土构件，孔道压浆时需制取试件规格为（ ）mm。

A. 70.7×70.7×70.7　B. 100×100×100

C. 150×150×150　D. 40×40×160

131. 后张法预应力混凝土构件，孔道压浆浆液水胶比应控制在（ ）。

A. 0.30～0.35　B. 0.26～0.28　C. 0.4～0.43　D. 0.35～0.45

132. 钻孔灌注桩水下混凝土拌和物，当桩孔直径小于 1.5m 时，其坍落度为（ ）。

A. 160～200　B. 160～180　C. 180～200mm　D. 180～220mm

133. 钻孔灌注桩水下混凝土拌和物，当桩孔直径大于等于 1.5m 时，其坍落度为（ ）。

A. 160～200mm　B. 160～180mm　C. 180～200mm　D. 180～220mm

二、判断题

1. 桥涵用石料均应进行抗冻性试验。（ ）

2. 石料的抗冻性能试验应在干燥状态下进行。（ ）

3. 石料抗压试验要求破坏荷载应控制在压力机全程的 20%～80%。（ ）

4. 石料进行抗压试验，球面底座应在试件的下端面直接加压。（ ）

5. 石料的抗压强度试验可根据需要选择不同含水状态进行。（ ）

6. 石料的弹性模量为轴向应变与径向应力之比。（ ）

7. 石料的泊松比是弹性模量相对应条件下的径向应变与轴向应变之比。（ ）

8. 在进行石料的单轴压缩变形试验时，硬的岩石可采用电阻应变仪法，软的岩石可采用千分表法。（ ）

9. 石料的弹性模量是以割线模量表示。（ ）

10. 石料抗冻性试验需分别测定冻融和未经冻融的试件抗压强度。（ ）

11. 混凝土试件在一般情况下，应使用立方体或棱柱体的标准试件。（ ）

12. 混凝土试件承压面平面度公差主要是靠试模内表面的平面度来控制。（ ）

13. 混凝土试件相邻面夹角公差靠试模相邻面夹角控制。（ ）

14. 要保证混凝土试件的形位公差符合要求，不但应采用符合标准要求的试模来制作试件，而且必须高度重视对试模的安装。（ ）

15. 混凝土试件制作前，应在试模内表面涂一薄层矿物油或脱模剂。（ ）

16. 混凝土试件的制作应从不同盘混凝土拌合物中制取。（ ）

17. 混凝土试件制作应在拌和后尽量短的时间内成型，一般不超过 30min。（ ）

18. 采用人工振捣成型制作混凝土试件时，混凝土拌合物应分为 3 次装入模内，每层厚大致相等。（ ）

19. 混凝土试件成型时，人工振捣应从中心向四周边缘均匀进行。（ ）

20. 采用标准养护的混凝土试件，应在温度(20±5)℃的环境中静置 1～2 昼夜，拆模后立即放入标准养护室进行养护。（ ）

21. 混凝土试件加压时，试件的承压面与成型时的侧面垂直。（ ）

22. 混凝土试件接近破坏开始急剧变形时，应加大供油将试件快速压坏。（ ）

23. 当混凝土强度等级不小于 C60 时，宜采用标准试件；使用非标准试件时，尺寸换算系数由试验确定。（ ）

24. 混凝土加压时，初期应慢速，后期应加快加压速度。（ ）

25. 千分表的测量精度为 0.01mm。（ ）

26. 混凝土弹性模量按 3 个试件测值的算术平均值计算，当由 1 个试件的轴心抗压强度超过检验控制荷载的轴心抗压强度值的 20%时，试验结果无效。（ ）

27. 混凝土进行抗折强度试验时，混凝土试件在长向中部 1/3 区段内不得有表面直径超过 5mm，深度超过 2mm 的孔洞。（ ）

28. 混凝土抗折强度试验，若 3 个试件中有 1 个折断面位于两个集中荷载之外，则混凝土抗折强度值按另两个试件的试验结果计算。（ ）

29. 混凝土收缩试验，要求混凝土试件恒温恒湿室保持在 20℃±2℃，相对湿度保持在 60%±5%。（ ）

30. 测定某混凝土收缩性能的特征值时，试件应在 7d 龄期后从标养室取出立即移入恒温恒湿室测定其初始长度。（ ）

31. 混凝土的徐变，能使大体积混凝土消除一部分由于温度变形产生的破坏应力。（ ）

32. 混凝土在受载初期，徐变变形增长较慢，且逐渐稳定下来。（ ）

33. 当研究某一混凝土的徐变特性时，应至少制备 4 组徐变试件，分别在龄期 7d、14d、28d、90d 时加载。（ ）

34. 混凝土徐变试验时，徐变应力为所测得的立方体抗压强度的 40%。（ ）

35. 作为对比，混凝土的 360d 的徐变值可采用经标准养护的混凝土试件，在 28d 龄期时经受 0.4 倍棱柱体抗压的徐变值。（ ）

36. 钢筋的强度指标包括屈服强度、抗拉强度和屈强比。（ ）

37. 所有钢筋均具有明显的屈服点。（ ）

38. 钢筋的屈强比越大，结构可靠性越高，钢材的利用率越高。（ ）

39. 钢筋的伸长率是拉断后标距的长度与原标准长度之比的百分率。（ ）

40. 反映钢筋承受反复应力作用能力的指标是冷弯性能。（ ）

41. 钢材的冲击韧性是钢材在冲击荷载作用下断裂时吸收能量的能力。( )

42. 钢筋外表有严重锈蚀、麻坑、裂纹、结疤、折叠、夹砂和断层等缺陷时,应予于剔除,不得使用。( )

43. 钢筋的规定非比例伸长应力值应不小于公称抗拉强度的 80%。( )

44. 钢筋应按同一生产厂家,同一直径进行分批检查和验收。( )

45. 钢筋截取试件时,应从任意两根(两盘)中分别切取,每根钢筋上切取一个拉伸试件,一个冷弯试件。( )

46. 中碳钢和高碳钢可以直接测得其屈服强度。( )

47. 钢筋的冷弯试验,不仅能检查钢筋冷加工性能和显示钢筋内部缺陷,同时也是考查钢筋在复杂应力状态下发展塑性变形能力的一项指标。( )

48. 钢筋弯曲试验从起始位置向右弯曲 90°后返回原起始位置;再由起始位置向左弯曲 90°后返回原起始位置,此时作为第一次弯曲。( )

49. 钢筋的屈服强度、抗拉强度和伸长率要求至少有两项符合标准规定的指标。( )

50. 钢筋冷弯试验后,弯曲外侧表面无裂纹、断裂和起层,即判为合格。( )

51. 钢筋机械连接宜采用镦粗直螺纹、滚压直螺纹或挤压连接接头。( )

52. 钢筋机械连接接头的选用等级为Ⅰ级。( )

53. 精轧粗螺纹钢筋表面不得有横向裂纹、结疤、机械损伤和缺陷。( )

54. 钢绞线表面不得有润滑剂、油渍和轻微浮锈。( )

55. 高强钢丝检验时,应先从每批中抽查 5%,但不少于 5 盘,进行外观检查,如检查不合格,则该批钢丝逐盘检查。( )

56. 钢绞线每批少于 3 盘时应逐盘进行表面质量和力学性能试验。( )

57. 应力松弛是预应力在恒定长度下应力随时间而增长的现象。( )

58. 钢筋闪光对焊接头外观检查每批抽查 10%,并不得少于 10 个。( )

59. 螺丝端杆接头若有一个接头不符合要求时,应对全部接头进行检查,剔除不合格。( )

60. 钢筋拉伸试验和弯曲试验,若有 1 个试件强度小于规定值,或有 2 个试件在焊缝区产生脆断,应取 6 个试件进行复检。( )

61. 钢筋接头复检时,仍有 1 个试件的抗拉强度小于规定值,或有 3 个试件断于焊缝区,则该批接头不合格。( )

62. 钢筋电弧焊接头 3 个拉伸试件,要求强度均不低于规定值,且至少有 2 个试件是塑性断裂,3 个试件均断于焊缝之外。( )

63. 钢筋焊接前必须根据施工条件进行试焊,按不同的焊接方法至少抽取每组 3 个试件进行力学性能试验,合格后方可正式焊接。( )

64. 对于直接承受动力荷载的结构,机械连接钢的接头应满足设计要求的抗疲劳性能。( )

65. 金属螺旋管进行弯曲试验时,要求不得出现渗水现象。( )

66. 石料的单轴抗压强度试验时,对试样的加工精度无要求。( )

67. 由氯盐引起的钢筋锈蚀,不可能由更换保护层法来完全杜绝。( )

68. 同条件养护试件的拆模时间可与实际构件的拆模时间相同，拆模后，试件仍需保持同条件养护。（ ）

69. 混凝土制作抗压试件规格为，集料最大粒径应不大于试件最小边长的 1/3。（ ）

70. 混凝土立方体的抗压强度试验目的是检验混凝土的强度是否达到其强度等级，并为控制施工质量提供依据。（ ）

71. 材料在进行强度试验时，加荷速度快者的实验结果值偏小。（ ）

72. 试验室内拌制混凝土的各种材料称量精度是一样的。（ ）

73. 各种试模应根据试模的使用频率定期进行检查。（ ）

74. 粗集料粒径对混凝土试块强度无影响。（ ）

75. 混凝土抗压强度试验在试验过程中应连续均匀地加荷。（ ）

76. 屈强比越小，结构可靠性越高，即延缓结构损伤程度的潜力越大，但比值太小，则钢材利用率太低。（ ）

77. 钢筋强度标准值是根据屈服强度确定的。（ ）

78. 钢材冷弯性能试验中，弯心直径一般是试件厚度或直径的 1 倍、3 倍或 4 倍，不同品种的钢材要求不一样。（ ）

79. 抗拉强度为试样拉断前的最大负荷所对应的应力。（ ）

80. 钢材在拉伸试验中，试样卸荷后立即恢复原形叫塑性变形。（ ）

81. 金属材料受外力作用时，产生的塑性变形程度越大，则塑性越好。（ ）

82. 钢筋牌号 HRB335 中 335 指钢筋的极限强度。（ ）

83. 热处理钢筋由热轧螺纹钢筋经淬火和回火的调质处理而成，经热处理后改变了钢筋内部组织结构，其性能得到改善。（ ）

84 对于预应力钢绞线，同一构件内断丝根数每断面不超过钢丝总数的 1%。（ ）

85. 对于钢筋电弧焊接头，外观检查不合格的，经修整或补强后，可再次提交二次验收。（ ）

86. 对于钢筋闪光对焊接头，外观检查不合格的，应切除重焊，可再次提交验收。（ ）

87. 电渣压力焊只适用于竖向钢筋的连接，不能用作水平钢筋和斜筋的连接。（ ）

88. 当用钢筋牌号是 HRB335 的材料进行帮条焊和搭接焊，可用 E4303 焊条进行焊接。（ ）

89. 水泥混凝土粗集料最大粒径采用连续级配，不宜采用单粒级配或间断级配配置。（ ）

90. 水泥混凝土粗集料最大粒径宜按混凝土结构情况选用。（ ）

91. 可饮用水即可直接作为混凝土拌和与养护用水。（ ）

92. 公路桥涵工程使用的外加剂，与水泥、矿物掺合料之间应具有良好的相容性。（ ）

93. 混凝土外加剂的品种和掺量应根据使用要求、施工条件通过试验确定。（ ）

94. 混凝土掺用膨胀剂，宜按不同结构和温度可适当缩短养护时间。（ ）

95. 混凝土的塌落度和工作性能宜根据结构情况和施工工艺来确定。（ ）

96. 混凝土在满足工艺要求的前提下，宜采用大塌落度的混凝土施工。（ ）

97. 在配筋混凝土结构中，均不得掺用氯化钙、氯化钠等氯盐。（ ）

98. 混凝土外加剂宜以稀释溶液加入，其稀释用水和外加剂所含水量应从拌和加水量中加以扣除。（ ）

99. 混凝土拌和物的塌落度及其损失，宜在拌和地点和浇筑地点分别取样检测，评定时应以拌和地点的测值为准。（ ）

100. 大体积混凝土宜选用低水化热和凝结时间短的水泥品种。（ ）

101. 大体积混凝土宜采用早强剂、减水剂。（ ）

102. 高强度混凝土宜选用强度等级不低于 52.5 的立窑水泥。（ ）

103. 先张法桥梁混凝土构件，当混凝土强度应不低于设计强度等级的 80％时即可放张。（ ）

三、多项选择题

1. 石料应符合设计规定的（ ）。
   A. 类别　　B. 强度
   C. 无风化　　D. 无裂痕
   E. 质地均匀

2. 石料力学性能试验包括（ ）。
   A. 单轴抗压强度　　B. 单轴压缩变形
   C. 抗折强度　　D. 劈裂强度
   E. 抗冻性

3. 石料抗冻性评价指标包括（ ）。
   A. 弹性模量　　B. 弹性泊松比
   C. 质量损失率　　D. 耐冻系数
   E. 外形变化

4. 普通混凝土力学性能试验指标包括（ ）。
   A. 抗压强度　　B. 轴心抗压强度
   C. 受压弹性模量　　D. 劈裂抗压强度
   E. 抗折强度

5. 混凝土强度试验所需设备包括（ ）。
   A. 试模　　B. 振动台
   C. 压力试验机　　D. 钢垫板
   E. 捣棒及测量尺

6. 混凝土收缩易引起混凝土构件（ ）。
   A. 剥落　　B. 产生裂缝
   C. 降低强度　　D. 降低耐久性
   E. 产生应力损失

7. 混凝土的徐变变形包括（ ）。
   A. 弹性变形　　B. 残余变形

C. 瞬时恢复变形　　D. 徐变恢复变形
E. 压缩变形

8. 钢材的主要力学性能包括(　)。
A. 强度　　B. 塑性
C. 冷弯性能　　D. 硬度
E. 韧性

9. 钢筋拉伸试验过程中,出现下列哪几种情况结果无效?(　)
A. 设备发生故障　　B. 记录有误
C. 试件断在标距之外　　D. 脆断
E. 操作不当影响结果

10. 钢绞线力学性能检测指标包括(　)。
A. 公称直径　　B. 最大拉力
C. 总伸长率　　D. 可焊性
E. 应力松弛率

11. 光圆钢筋力学性能检测指标包括(　)。
A. 屈服强度　　B. 抗拉强度
C. 伸长率　　D. 冷弯性能
E. 反向弯曲性能

12. 钢筋闪光对焊接头力学性能试验包括(　)。
A. 强度　　B. 冷弯性能
C. 韧性　　D. 硬度
E. 塑性

13. 金属螺旋管检测的内容包括(　)。
A. 强度　　B. 外形
C. 尺寸　　D. 刚度
E. 抗渗漏

14. 电弧焊接头尺寸偏差检测项目包括(　)。
A. 纵向偏移　　B. 弯折
C. 焊缝厚度　　D. 焊缝宽度
E. 焊缝长度

15. 桥涵工程中所用石料的外观要求为(　)。
A. 石质应均匀　　B. 不易风化
C. 无裂缝　　D. 外形方正
E. 外形扁平

16. 混凝土标准试件的形状有(　)。
A. 长方体　　B. 立方体　　C. 棱柱体　　D. 圆柱体　　E. 圆锥形

17. 钢筋机械接头在施工现场的检验与验收应符合(　)。
A. 应进行接头工艺试验　　B. 接头试件不少于 3 个

C. 应进行外观质量检测　　D. 验收批数量为 500 个

E. 连续检验 10 个验收批，试件全部合格时验收数量可扩大 2 倍

18. 钢材在拉伸试验中影响屈服点的因素有(　)。

A. 环境　　B. 温度

C. 湿度　　D. 变形速度

E. 加荷速度

19. 非预应力钢筋应按批检查和验收，每批应由(　)组成。

A. 同一牌号　　B. 同一外形

C. 同一交货状态　　D. 同一生产工艺

E. 同一规格

20. 下列(　)需作反向或反复冷弯试验。

A. 热轧光圆钢筋　　B. 钢绞线

C. 冷轧带肋钢筋　　D. 热轧带肋钢筋

E. 低碳热轧圆盘条

21. 钢筋外表有(　)麻坑等缺陷时，应予剔除，不得使用。

A. 严重锈蚀　　B. 裂纹　　C. 折叠　　D. 夹层　　E. 浮锈

22. 钢筋机械连接接头的检测项目有(　)。

A. 静力单向拉伸性能　　B. 高应力反复拉压

C. 大变形反复拉压　　D. 抗疲劳

E. 耐低温

23. 钢筋闪光对焊接头应进行(　)。

A. 外观检查　　B. 探伤检查

C. 拉伸试验　　D. 冷弯试验

E. 松弛检测

24. 钢结构构件焊接质量检验分为(　)三个阶段。

A. 焊接前检验　　B. 焊接过程中检测

C. 焊缝无损伤检验　　D. 焊后成品检验

E. 松弛检测

25. 目前桥梁用预应力钢材为(　)。

A. 钢丝　　B. 钢绞线　　C. 螺纹钢筋　　D. 冷拉钢筋

E. 热处理钢筋

26. 水泥进场时对其性能检测的项目包括(　)。

A. 重度　　B. 强度　　C. 细度　　D. 安定性

E. 凝结时间

27. 水泥混凝土细集料检验内容包括(　)。

A. 外观　　B. 筛分　　C. 细度模数　　D. 有机物含量

E. 含泥量

28. 水泥混凝土细集料性能检验指标包括(　)。

A. 坚固性　B. 有害杂质含量
C. 氯离子含量　D. 耐腐蚀性
E. 碱活性

29. 水泥混凝土粗集料性能应满足（　）。
A. 质地坚硬　B. 级配合理　C. 粒形良好　D. 吸水率大
E. 洁净

30. 水泥混凝土粗集料进场检验内容包括（　）。
A. 外观　B. 颗粒级配　C. 针片状含量　D. 含泥量
E. 压碎值

31. 当混凝土中各组成材料引入氯离子含量超过规定值时，应采取哪些防腐措施（　）。
A. 掺加阻锈剂　B. 增大保护层厚度
C. 提高密实性　D. 改善环境条件
E. 增加钢筋用量

32. 大体积混凝土配合比设计时，减少单位混凝土水泥用量的措施包括（　）。
A. 改善粗集料级配　B. 增大掺合料用量
C. 减少粗集料用量　D. 降低水胶比
E. 增大水胶比

33. 高性能混凝土不宜选用以下哪些水泥品种（　）。
A. 硅酸盐水泥　B. 普通硅酸盐水泥
C. 矿渣硅酸盐水泥　D. 火山灰质硅酸盐水泥
E. 粉煤灰质硅酸盐水泥

34. 高性能混凝土用粗集料除满足普通混凝土的技术要求外，同时应对以下哪些指标进行控制（　）。
A. 压碎值　B. 坚固性　C. 吸水率　D. 松散堆积密度
E. 紧密孔隙率

35. 高性能混凝土配合比设计应考虑以下哪些内容（　）。
A. 凝胶材料总量　B. 掺合料　C. 抗裂性　D. 抗冻性
E. 总碱含量

36. 后张法预应力孔道压浆性能指标控制包括（　）。
A. 凝结时间　B. 流动度　C. 密水率　D. 自由膨胀率
E. 抗折、抗压强度

四、问答题

1. 简述石料单轴压缩变形试验的目的，并简述采用电阻应变仪试验的基本步骤。
2. 简述混凝土试件制作的基本规定。
3. 简述采用人工插捣制作混凝土试件的基本步骤。
4. 简述采用振动台制作混凝土试件的基本步骤。

5. 简述混凝土抗压试验基本步骤和操作要点。
6. 简述混凝土静力受压弹性模量试验加载基本程序。
7. 简述钢筋拉伸试验主要步骤和操作要点。
8. 简述混凝土抗压强度试验需哪些试验设备，有哪些具体要求。
9. 简述后张法预应力混凝土构件孔道压浆性能指标包括哪些？
10. 简述钻孔灌注桩钻孔泥浆指标包括哪些？

第四章 桥梁工程制品检测

一、单项选择题

1. 橡胶支座极限抗压强度应满足（ ）。

A. ≥50MPa　B. ≥60MPa　C. ≥70MPa　D. ≥90MPa

2. 橡胶支座实测抗压弹性模量指标为（ ）。

A. E±E×20%　B. E±E×15%

C. E±E×10%　D. E±E×5%

3. 橡胶支座实测抗剪弹性模量指标为（ ）。

A. G±G×20%　B. G±G×15%

C. G±G×10%　D. G±G×5%

4. 在水平力作用下，橡胶支座的水平位移量取决于橡胶片的（ ）。

A. 总厚度　B. 净厚度　C. 宽度　D. 长度

5. 橡胶支座表面气泡、杂质总面积不得超过支座平面面积的（ ）。

A. 0.1%　B. 0.5%　C. 1%　D. 2%

6. 橡胶支座试样应随机抽取试样，每种规格试件数量为（ ）。

A. 一对　B. 两对　C. 三对　D. 四对

7. 橡胶支座试验的标准温度为（ ）。

A. 20±2℃　B. 20±5℃　C. 23±5℃　D. 25±5℃

8. 橡胶支座抗压弹性模量试验，正式加载时按（ ）一级逐级加载。

A. 1MPa　B. 2MPa　C. 4MPa　D. 10MPa

9. 橡胶支座抗压弹性模量试验（抗剪弹性模量），三个试件的单项结果和算术平均值之间的偏差不应大于算术平均值的（ ）。

A. 1%　B. 2%　C. 3%　D. 5%

10. 橡胶支座抗剪老化的试验温度为（ ）。

A. 50±2℃　B. 60±2℃　C. 70±2℃　D. 80±2℃

11. 盆式橡胶支座在竖向设计荷载作用下，支座压缩变形值不得大于支座总高度的（ ）。

A. 1%　B. 2%　C. 3%　D. 5%

12. 盆式橡胶支座在竖向设计荷载作用下，盆环上口径向变形不得大于盆环外径的（ ）。

A. 0.1‰　B. 1‰　C. 1.5‰　D. 0.5‰

13. 盆式橡胶支座在竖向设计荷载作用下，支座残余变形不得超过总变形量的（ ）。

A. 1%　B. 2%　C. 3%　D. 5%

14. 盆式橡胶支座在竖向设计荷载作用下，水平承载力均不得小于支座竖向承载力的（ ）。

A. 5%　B. 10%　C. 15%　D. 20%

15. 盆式橡胶支座在竖向设计荷载作用下，支座转动角度不得小于（　）。
A. 0. 01rad　B. 0. 02rad　C. 0. 1rad　D. 0. 2rad

16. 盆式橡胶支座在竖向设计荷载作用下，荷载试验的检验荷载取支座设计承载力的（　）倍。
A. 1　B. 1. 5　C. 2　D. 2. 5

17. 球形支座在竖向设计荷载作用下，支座压缩变形不得大于支座总高度的（　）。
A. 1%　B. 2%　C. 4%　D. 5%

18. 球型橡胶支座在竖向设计荷载作用下，水平承载力均不得小于支座竖向承载力的（　）。
A. 5%　B. 10%　C. 15%　D. 20%

19. 适用于伸缩量为 160～2000mm 的伸缩缝为（　）。
A. 模数式　B. 梳齿板式　C. 橡胶式　D. 异型钢单缝式

20. 一般适用于伸缩量不大于 300mm 的伸缩缝为（　）。
A. 模数式　B. 梳齿板式　C. 橡胶式　D. 异型钢单缝式

21. 板式橡胶伸缩缝一般适用变形量（　）。
A. 小于 60mm　B. 大于 60mm　C. 小于 120mm　D. 大于 120mm

22. 由单缝钢和橡胶密封带组成的单逢式伸缩缝一般适用变形量（　）。
A. 小于 60mm　B. 大于 60mm　C. 小于 120mm　D. 大于 120mm

23. 模数式伸缩缝进行力学性能试验，长度不小于（　）。
A. 4m　B. 3m　C. 2m　D. 1m

24. 梳齿板式伸缩缝进行力学性能试验，单元加工长度不小于（　）。
A. 4m　B. 3m　C. 2m　D. 1m

25. 橡胶伸缩缝进行力学性能试验，试样长度不小于（　）。
A. 4m　B. 3m　C. 2m　D. 1m

26. 锚夹具每个抽检组批不得超过（　）套。
A. 100　B. 500　C. 800　D. 1 000

27. 锚具静载锚固性能试验应抽取（　）套。
A. 2　B. 3　C. 5　D. 10

28. 锚具静载锚固性能试验，锚具效率系数应满足（　）。
A. 0. 9　B. 0. 92　C. 0. 95　D. 0. 99

29. 夹具静载锚固性能试验，锚具效率系数应满足（　）。
A. 0. 9　B. 0. 92　C. 0. 95　D. 0. 99

30. 锚具静载锚固性能试验，锚具总应变应满足（　）。
A. ≥1. 5%　B. ≥2. 0%　C. ≥3. 0%　D. ≥5. 0%

31. 锚具应能满足循环次数（　）次的疲劳性能试验。
A. 50 万　B. 100 万　C. 200 万　D. 1 000 万

32. 锚具应能满足循环次数（　）次的周期性荷载试验。
A. 50　B. 100　C. 100　D. 200

33. 预应力筋在锚具夹持区发生疲劳破坏的截面面积不应大于试件总截面面积的（　）。

A. 1%　　B. 2%　　C. 5%　　D. 10%

34. 预应力静载锚固性能试验，要求各根预应力筋应等长平行，其受力长度不小于（　）。

A. 1m　　B. 2m　　C. 3m　　D. 5m

35. 锚具硬度试验要求每个零件测试（　）点。

A. 2　　B. 3　　C. 4　　D. 5

36. 锚具锚口损失不大于（　）。

A. 1%　　B. 2.5%　　C. 5%　　D. 10%

37. 采用最小二乘法回归分析千斤顶标定经验公式时需测点（　）个。

A. 5～10　　B. 10～20　　C. 15～20　　D. 20～30

38. 预应力筋张拉，要求实际伸长值与理论伸长值误差应控制在（　）。

A. ±5%　　B. ±6%　　C. ±10%　　D. ±15%

39. 预应力筋的张拉，0→初应力理论计算伸长值为 2cm，初应力→控制应力的实测伸长值为 22cm，则预应力筋的张拉伸长值为（　）。

A. 24cm　　B. 20cm　　C. 22cm　　D. 26cm

40. 进行板式橡胶支座抗压弹性模量试验时预压应力至（　）。

A. 5MPa　　B. 7MPa　　C. 10MPa　　D. 15MPa

41. 进行板式橡胶支座抗剪弹性模量试验时预加水平应力至（　）。

A. 0.1MPa　　B. 0.5MPa　　C. 1.0MPa　　D. 10MPa

42. 板式橡胶支座的支座形状系数与（　）有关。

A. 支座抗压弹性模量　　B. 支座抗剪弹性模量

C. 钢板厚度　　D. 支座尺寸

43. 对于混凝土桥，支座实测转角正切值应满足（　）。

A. ≥1/500　　B. ≤1/500　　C. ≥1/300　　D. ≤1/300

44. 对于钢桥，支座实测转角正切值应满足（　）。

A. ≥1/500　　B. ≤1/500　　C. ≥1/300　　D. ≤1/300

45. 桥梁支座四氟滑板与不锈钢板表面摩擦系数应满足（　）。

A. ≥0.01　　B. ≤0.01　　C. ≥0.03　　D. ≤0.03

46. 桥梁支座试验用承载板应具有足够强度，其厚度应大于其平面最大尺寸的（　）。

A. 1/10　　B. 1/5　　C. 1/3　　D. 1/2

47. 桥梁支座试验测量转角变形量的分度值为（　）。

A. 0.1mm　　B. 0.01mm　　C. 0.100mm　　D. 0.000 1mm

48. 预应力混凝土构件，锚具的锚口损失率不宜大于（　）。

A. 2%　　B. 5%　　C. 6%　　D. 10%

49. 预应力混凝土构件，夹具可重复使用的次数不应少于（　）。

A. 200 次　　B. 300 次　　C. 400 次　　D. 500 次

50. 锚具进场后，外观检查抽取频率为（　）且不少于 10 套样品。

A. 2%　　B. 5%　　C. 6%　　D. 10%

51. 锚具进场后，硬度检验抽取频率为（　）且不少于 5 套样品。

A. 2% B. 3% C. 5% D. 6%

52. 桥梁施工现场锚具的每个验收批不宜超过（ ）。

A. 1 000 套 B. 2 000 套 C. 3 000 套 D. 4 000 套

53. 桥梁施工现场夹具、连接器的每个验收批不宜超过（ ）。

A. 500 套 B. 1 000 套 C. 1 500 套 D. 2 000 套

54. 桥梁施工现场金属预应力管道的每个验收批不宜超过（ ）。

A. 10 000m B. 20 000m C. 40 000m D. 50 000m

55. 桥梁施工现场塑料预应力管道的每个验收批不宜超过（ ）。

A. 10 000m B. 20 000m C. 40 000m D. 50 000m

二、判断题

1. 桥梁支座主要功能是将桥梁上部结构的各种荷载传递给墩台。（ ）

2. 板式橡胶支座内部嵌入薄钢板的目的是为了提高橡胶的硬度。（ ）

3. 橡胶支座外观质量用目测方法或量具逐块检查，不允许有两项以上的缺陷存在。（ ）

4. 橡胶支座取样后应立即进行试验。（ ）

5. 橡胶支座测量转角变形量的分度值为 0.001mm，测量竖向压缩变形的水平位移变形量的分度值为 0.01mm。（ ）

6. 橡胶抗压弹性模量试验，当单个测试结果与三个试件算术平均值偏差超过 3%，则该批产品不合格。（ ）

7. 橡胶抗剪老化试验加载步骤同标准抗剪弹性模量试验方法相同。（ ）

8. 橡胶支座在不小于 70MPa 压应力作用下，橡胶层未被挤坏，中间钢板未断裂，四氟板与橡胶未剥离，说明抗压强度满足要求。（ ）

9. 支座在 1 倍剪应力作用下，橡胶层未被剪坏，中间层钢板未断裂错位，卸载后支座变形恢复正常，认为试样抗剪黏结性能满足要求。（ ）

10. 橡胶支座容许转角正切值达到规定值后，试样边缘最小变形值小于零时，则试样容许转角满足要求。（ ）

11. 橡胶支座三块试样中，有两块不能满足要求时，则认为该批产品不合格；若有一块不合格，则取双倍试样复验，若仍有一块不合格，则该批产品不合格。（ ）

12. 盆式橡胶支座具有摩擦系数小、承载能力大、质量小、成本较低等特点。（ ）

13. 盆式橡胶支座实测荷载—竖向压缩变形曲线为非线性关系，该支座为不合格。（ ）

14. 盆式橡胶支座测量摩阻系数应重复加载五次，计算时取五次实测结果的平均值。（ ）

15. 球形支座各向转动性能一致，适用于曲线桥和宽桥。（ ）

16. 球形支座在竖向设计荷载作用下，支座竖向压缩变形不得大于支座总高度的 5%。（ ）

17. 桥梁伸缩缝装置是保持车辆平稳通过桥面的装置。（ ）

18. 由单缝钢和橡胶密封带组成的单缝式伸缩装置只能适用于伸缩量不大于 60mm 的公路桥梁。（ ）

19. 桥梁伸缩缝出厂检验时，若有一项指标不合格，则应再随机抽取双倍数目试样进行全部项目检测，若仍有一项不合格则判定该批产品不合格。（ ）

20. 混凝土施加预应力的目的是为了提高混凝土强度。（ ）

21. 锚夹具是保证预应力混凝土结构安全可靠的关键之一，应满足安全可靠，预应力损失小，张拉锚固方便等特点。（ ）

22. 在预应力筋锚具组装件达到实测极限拉力时，应是由于预应力筋的断裂，而不是由于夹具的破坏所致。（ ）

23. 锚固过程中预应力筋的内缩量不大于 6mm。（ ）

24. 锚口摩阻损失不大于 5%。（ ）

25. 夹具应具有良好的自锚性能、松锚性能和重复使用性能。（ ）

26. 锚夹具辅助性试验为观测项目，不做为合格与否的判定。（ ）

27. 预应力张拉设备标定时，千斤顶、油泵及油压表应分别校验。（ ）

28. 千斤顶用长柱压力机校验时，应采用主动校验法。（ ）

29. 预应力筋实际伸长值可直接通过千斤顶油塞行程量得。（ ）

30. 进行板式橡胶支座抗压弹性模量试验时必须进行预压。（ ）

31. 板式橡胶支座不允许钢板外露。（ ）

32. 橡胶支座无需测试摩擦系数。（ ）

33. 圆形和矩形板式橡胶支座的形状系数是一样的。（ ）

34. 锚具静载锚固性能试验应连续进行三个组装件的试验，得到的锚固效率系数和相应的总应变均应满足规定，不得进行平均。（ ）

35. 预应力筋孔道压浆工作在 5℃以下进行时，应采取防冻或保温措施。（ ）

36. 预应力超张拉时不会使钢筋应力达到屈服。（ ）

37. 在锚具疲劳性能试验中，预应力筋因锚具影响发生疲劳破坏的面积不应大于试件总截面的 10%。（ ）

三、多项选择题

1. 橡胶支座成品力学性能指标包括（ ）。

A. 极限抗压强度　　B. 实测抗压弹性模量

C. 实测抗剪模量　　D. 实测转角正切值

E. 实测老化后抗剪弹性模量

2. 胶支座成品解剖检验包括（ ）。

A. 强度　　B. 弹性模量

C. 胶层厚度　　D. 钢板与橡胶黏结

E. 剥离胶层

3. 盆式橡胶支座成品力学性能指标包括（ ）。

A. 竖向承载力　　B. 水平承载力

C. 转角　　D. 摩阻系数

E. 弹性模量

4. 球型支座成品力学性能指标包括(　)。

A. 竖向承载力　　B. 水平承载力

C. 转角　　D. 摩阻系数

E. 转动力矩

5. 桥梁伸缩装置包括(　)。

A. 模数式　　B. 梳齿板式

C. 橡胶式　　D. 异型钢单缝式

E. 组合式

6. 成品支座需进行以下哪几项检测(　)。

A. 原材料　　B. 整体性能

C. 力学性能　　D. 外观质量

E 解剖

7. 桥梁伸缩装置成品需进行以下哪几项检测(　)。

A. 原材料　　B. 整体性能

C. 尺寸偏差　　D. 外观质量

E. 内在质量

8. 模数式伸缩装置整体性试验需检测(　)。

A. 拉伸　　B. 压缩

C. 错位　　D. 摩阻力

E. 变形均匀性

9. 锚夹具静载锚固性能试验项目包括(　)。

A. 静载锚固效率系数　　B. 极限总应变

C. 锚具内缩量　　D. 锚具摩阻损失

E. 锚具锚固工艺

10. 锚夹具辅助性能试验检测项目包括(　)。

A. 静载锚固效率系数　　B. 极限总应变

C. 锚具内缩量　　D. 锚具摩阻损失

E. 锚具锚固工艺

11. 预应力锚夹具常规检测项目包括(　)。

A. 外观　　B. 硬度

C. 静载锚固性能　　D. 疲劳试验

E. 周期性试验

12. 梁式桥支座分(　)两种，前者允许梁截面转动而不能移动，后者允许梁在挠曲伸缩时转动和移动。

A. 橡胶支座　　B. 固定支座

C. 活动支座　　D. 钢板支座

E. 球形支座

13. 板式橡胶支座的支座形状系数与(　)有关。

A. 支座抗压弹性模量　　B. 支座中间单层橡胶片厚度

C. 钢板厚度　　D. 支座尺寸

E. 材料

14. 橡胶伸缩体外观质量检查不允许有(　)。

A. 少量明疤　　B. 骨架钢板外露

C. 少量裂纹　　D. 喷霜

E. 螺栓定位孔歪斜

15. 预应力孔道金属制孔器检测项目包括(　)。

A. 外观　　B. 尺寸

C. 径向刚度　　D. 荷载作用抗渗性

E. 抗弯曲渗漏

四、问答题

1. 简述板式橡胶支座抗压弹性试验步骤。
2. 简述板式橡胶支座极限抗压强度试验步骤并说明评定标准。
3. 绘制板式橡胶支座抗剪试验加载模型，并说明主要步骤。
4. 简述锚具静载锚固性能试验加载步骤及测量项目有哪些?
5. 简述如何用长柱压力机标定千斤顶。
6. 简述大体积混凝土在选用原材料和进行配合比设计时，应采取哪些措施降低水化热?
7. 简述高强混凝土配合比设计时应采取哪些措施减小混凝土变形，避免早期开裂?

第五章　桥梁工程地基与基础检测

一、单项选择题

1. 桥涵地基承载力检测用于（　）基础。

A. 扩大　B. 桩　C. 沉井　D. 管柱

2. 按规范法确定地基承载力容许值，目前一般将地基土分为（　）类。

A. 三　B. 四　C. 五　D. 六

3. 老黏土的承载力容许值可按照（　）确定。

A. 天然孔隙比　B. 压缩模量

C. 液性指数　D. 液限比

4. 砂土的承载力容许值可按照（　）确定。

A. 密实程度　B. 压缩模量

C. 液性指数　D. 液限比

5. 新近堆积黄土的承载力容许值可按照（　）确定。

A. 密实程度　B. 压缩模量

C. 含水比　D. 液限比

6. 地基在荷载作用下达到破坏状态的过程分为（　）阶段。

A. 一　B. 二　C. 三　D. 四

7. 地基荷载板试验，每级荷载增量一般取土层预估极限承载力的（　）。

A. 1/10～1/8　B. 1/8～1/6

C. 1/12～1/10　D. 1/20～1/10

8. 地基承载板试验，荷载的量测精度应达最大荷载的（　）。

A. 0.5%　B. 1%　C. 2%　D. 4%

9. 地基承载板试验，沉降值的量测精度应达（　）mm。

A. 1　B. 0.1　C. 0.01　D. 0.001

10. 标准贯入试验，将贯入器打入土中（　）cm 的锤击数作为标准贯入试验的指标。

A. 15　B. 45　C. 30　D. 15～45

11. 标准贯入试验，当钻杆长度超过（　）m 时，应进行锤击数修正。

A. 2　B. 3　C. 6　D. 9

12. 标准贯入试验，当土层较密实，贯入不足 30cm 的锤击数已超过（　）击时，应换算成贯入 30cm 的锤击数。

A. 20　B. 30　C. 40　D. 50

13. 保持泥浆中土粒悬浮状态的指标是（　）。

A. 相对密度　B. 黏度　C. 含砂率　D. 胶体率

14. 控制泥浆沉淀层厚度的主要指标是（　）。

A. 相对密度　　B. 黏度　　C. 含砂率　　D. 胶体率

15. 钻孔灌注桩单排桩桩位偏差不得大于（　）mm。

A. 10　　B. 20　　C. 50　　D. 100

16. 钻孔灌注桩竖直桩倾斜度偏差不超过（　）。

A. ±0.1%　　B. ±0.5%　　C. ±1%　　D. ±2.5%

17. 钻孔灌注桩斜桩倾斜度偏差不超过（　）。

A. ±0.1%　　B. ±0.5%　　C. ±1%　　D. ±2.5%

18. 摩擦桩孔底沉淀层厚度，当桩径≤1.5m时不超过（　）mm。

A. 100　　B. 300　　C. 500　　D. 600

19. 摩擦桩孔底沉淀层厚度，当桩径大于1.5m时或桩长大于40m或土质较差的桩，应不超过（　）mm。

A. 100　　B. 300　　C. 500　　D. 600

20. 桩基完整性检测方法中，属于振动检测法的是（　）。

A. 锤击法　　B. 超生脉冲法

C. 射线法　　D. 钻芯法

21. 反射波法检测桩身完整性，宜在混凝土灌注成桩（　）d以后进行。

A. 3　　B. 7　　C. 14　　D. 28

22. 反射波法检测桩身完整性，传感器宜安装在距桩中心（　）部位。

A. 半径1/2处　　B. 半径1/3处

C. 半径1/3～1/2处　　D. 半径2/3～1/2处

23. 反射波法检测桩身完整性，传感器距桩的主筋不宜小于（　）mm。

A. 50　　B. 40　　C. 30　　D. 20

24. 反射波法检测桩身完整性，当桩径不大于1 000mm时不宜少于（　）个测点。

A. 2　　B. 3　　C. 4　　D. 5

25. 反射波法检测桩身完整性，当桩径大于1 000mm时不宜少于（　）个测点。

A. 2　　B. 3　　C. 4　　D. 5

26. 钻孔灌注桩实测桩长为30m，时域信号第一峰与桩端反射波峰间的时间差为15.79ms，计算该桩的桩身波速为（　）m/s。

A. 2 000　　B. 3 800　　C. 4 000　　D. 6 000

27. 反射波法检测桩身完整性，测得桩端反射较明显，但有局部缺陷所产生的反射信息，混凝土波速处于正常范围，则该桩属于（　）类桩。

A. I　　B. II　　C. III　　D. IV

28. 反射波法检测桩身完整性，测得桩端反射不明显，可见缺陷二次反射波信号，则该桩属于（　）类桩。

A. I　　B. II　　C. III　　D. IV

29. 超声波法检测桩身完整性适用于桩径大于（　）m以上的桩。

A. 0.5　　B. 0.8　　C. 1.0　　D. 1.2

30. 超声波法检测桩身完整性判断缺陷有无和计算缺陷大小的基本物理量是（　）。

A. 声时值　　B. 波幅　　C. 频率　　D. 波形

31. 超声波法检测桩身完整性，当桩径不大于 1.5m 时，应埋设(　)根声测管。

A. 2　　B. 3　　C. 4　　D. 5

32. 超声波法检测桩身完整性，当桩径大于 1.5m 时，应埋设(　)根声测管。

A. 2　　B. 3　　C. 4　　D. 5

33. 超声波法检测桩身完整性，则其量测间距不宜大于(　)mm。

A. 200　　B. 250　　C. 400　　D. 500

34. 超声波法检测桩身完整性，声速临界值取(　)。

A. $\bar{v}-\sigma_v$　　B. $\bar{v}-2\sigma_v$　　C. $\bar{v}-3\sigma_v$　　D. $\bar{v}-4\sigma_v$

35. 超声波法检测桩身完整性，PSD 判据增大了(　)权数。

A. 波形　　B. 波幅　　C. 频率　　D. 声时差值

36. 超声波法检测桩身完整性，波幅临界值取(　)。

A. A_m-2　　B. A_m-4　　C. A_m-5　　D. A_m-6

37. 超声波法检测桩身完整性，各声测剖面每个测点的声速、波幅均大于临界值，波形正常，则该类桩属于(　)。

A. I 类　　B. II 类　　C. III 类　　D. IV 类

38. 超声波法检测桩身完整性，某一声测剖面连续各个测点或某一深度桩截面处的声速、波幅值小于临界值，PSD 值变大，波形畸形，则该类桩属于(　)。

A. I 类　　B. II 类　　C. III 类　　D. IV 类

39. 采用锚桩承载梁作为基桩静荷载试验承载反力装置，要求提供反力应不小于最大试验荷载的(　)倍。

A. 1～2　　B. 1～1.5　　C. 1.3～1.5　　D. 1.3～2.0

40. 基桩静载试验采用压重平台反力装置时，要求压重不得小于预估最大试验荷载的(　)倍。

A. 1.2　　B. 1.5　　C. 2.0　　D. 2.5

41. 基桩静载试验，对施工检验性试验，一般可采用设计荷载的(　)倍。

A. 1.2　　B. 1.5　　C. 2.0　　D. 2.5

42. 基桩静载试验，每级加载下沉量，在规定的时间内如不大于(　)mm 可认为稳定。

A. 0.001　　B. 0.01　　C. 0.1　　D. 1

43. 基桩静载试验，每级加载量一般为预估最大荷载的(　)。

A. 1/10～1/5　　B. 1/15～1/5

C. 1/15～1/8　　D. 1/15～1/10

44. 高应变检测单桩轴向抗压承载力时，激振锤的质量不得小于基桩极限承载力的(　)。

A. 1.0%　　B. 1.2%　　C. 1.5%　　D. 2.0%

45. 高应变检测单桩轴向抗压承载力时，采用自由落锤为激振设备，宜重锤低击，锤的最大落距不宜大于(　)m。

A. 0.5　　B. 1　　C. 2　　D. 3

46. 一般正常混凝土的波速是(　)m/s。

A. 3 500～4 500　　B. 2 500～3 500

C. 1 500～2 000　　D. 4 000～5 000

47. 标准贯入试验触探落锤质量为（　）kg。

A. 10.0　　B. 28.0　　C. 60.0　　D. 63.5

48. 标准贯入试验对估计（　）的天然密度十分有用。

A. 砂类土　　B. 黏性土　　C. 粉土　　D. 黄土

49. 采用钻孔法判断桩内缺陷时，在检测管内应（　）。

A. 直接放入换能器进行检测即可　　B. 注入泥浆

C. 应注满清水　　D. 注满机油

50. 基桩垂直静载试验中，对于砂类土，在最后（　）min 内，如果下沉量小于 0.1mm，即可视为休止。

A. 10　　B. 20　　C. 30　　D. 40

51. 桩长 25m 的钻孔桩，灌注水下混凝土应制取（　）组混凝土试件。

A. 1　　B. 2　　C. 3　　D. 4

52. 在桩超声波脉冲检测中，换能器在声测管内用（　）耦合。

A. 空气　　B. 清水　　C. 泥水　　D. 盐水

53. 基桩静荷载试验时正确的卸载方法是（　）。

A. 卸载应分级进行，每级卸载量为 2 倍加载级的荷载值

B. 卸载应分级进行，每级卸载量为加载级的荷载值

C. 卸载应分级进行，每级卸载量为 2 倍加载级的荷载值。每级荷载卸载后，应观测桩顶的回弹量，直到回弹稳定后，再卸载下一级荷载

D. 一次卸载到零

54. 按规范法确定地基承载力容许值时，当基础宽度 $b>2$m，埋置深度 $h>3$m，对基地承载力需进行修正提高的条件为（　）。

A. $h/b>1/4$　　B. $h/b>2$　　C. $h/b\leqslant 4$　　D. $h/b\geqslant 4$

55. 重要工程钻孔灌注桩应埋设声测管，检测的桩数不应少于（　）。

A. 3%　　B. 30%　　C. 50%　　D. 50%

56. 高应变动测法的抽检率可由工程设计或监理单位酌情决定，但不宜少于相近条件下总桩数（　）。

A. 1%且不少于 1 根　　B. 2%且不少于 2 根

C. 3%且不少于 3 根　　D. 5%且不少于 5 根

57. 桩身完整性评定为Ⅰ类桩的（　）。

A. 1%且不少于 1 根　　B. 2%且不少于 2 根

C. 3%且不少于 3 根　　D. 5%且不少于 5 根

58. 低应变反射波法检测桩基完整性，要求数据采集装置的模—数转换器不得低于（　）。

A. 12bit　　B. 24bit　　C. 36bit　　D. 48bit

59. 低应变反射波法检测桩基完整性，要求单通道采样点数不少于（　）。

A. 200　　B. 500　　C. 1 000　　D. 1 024

60. 低应变反射波法检测桩基完整性，要求频率范围应满足（　）。

A. 1～1kHz　B. 2～2kHz　C. 4～4kHz　D. 5～5kHz

61. 低应变反射波法检测桩基完整性，预应力混凝土管柱的激振点与传感器安装点与桩中心连线的夹角不应小于(　)。

A. 30°　B. 45°　C. 60°　D. 90°

62. 高应变动测法激振锤应材质均匀、形状对称、底面平整，高径比不得小于(　)。

A. 0.5　B. 1　C. 2　D. 3

63. 高应变动测法检测预制桩极限承载力，对于砂土地基最短休止期应大于(　)。

A. 7 天　B. 10 天　C. 15 天　D. 25 天

64. 高应变动测法检测预制桩极限承载力，对于粉土地基最短休止期应大于(　)。

A. 7 天　B. 10 天　C. 15 天　D. 25 天

65. 高应变动测法检测预制桩极限承载力，对于非饱和黏性土地基最短休止期应大于(　)。

A. 7 天　B. 10 天　C. 15 天　D. 25 天

66. 高应变动测法检测预制桩极限承载力，对于饱和黏性土地基最短休止期应大于(　)。

A. 7 天　B. 10 天　C. 15 天　D. 25 天

67. 高应变动测法检测预制桩极限承载力，加速度传感器和位移传感器与桩顶距离不得小于(　)倍桩径或边长。

A. 0.5　B. 1　C. 1.5　D. 2

68. 高应变动测法推算桩极限承载力，桩的单击贯入度不得低于(　)。

A. 2mm 且不大于 6mm　B. 4mm 且不大于 6mm

C. 2mm 且不大于 10mm　D. 4mm 且不大于 10mm

69. 超声波法检测桩基完整性，要求声发射脉冲电压不低于(　)。

A. 220V　B. 380V　C. 480V　D. 1 000V

70. 超声波法检测桩基完整性，径向振动换能器谐振频率宜不大于(　)。

A. 5Hz　B. 5kHz　C. 25Hz　D. 25kHz

71. 超声波法检测桩基完整性，单孔检测采用一发双收一体型换能器，其发射换能器至接受换能器的最近距离不应小于(　)。

A. 20cm　B. 30cm　C. 40cm　D. 50cm

二、判断题

1. 当基础最小边长超过 2m 或基础埋深超过 3m 时，应对地基容许承载力修正。(　)

2. 修正地基承载力容许值，基础的埋置深度对于受水流冲刷的基础，由局部冲刷线算起。(　)

3. 老黏土的承载力容许值可按土的压缩模量确定。(　)

4. 一般黏性土的承载力容许值可按土的液性指数和天然孔隙比确定。(　)

5. 砂土地基的承载力容许值可按土的分类、湿度和密实程度确定。(　)

6. 一般黄土的承载力容许值可按土的天然含水率和天然孔隙比确定。(　)

7. 当地基土不均匀时，必须通过现场荷载试验确定承载力容许值。（ ）

8. 地基承载力原位测试要求在土体原有位置上，在保持土的天然结构、天然含水率及天然应力状态下的测定。（ ）

9. 地基荷载板试验过程中，压密阶段土体处于弹性平衡状态，该阶段对应拐点称为极限荷载。（ ）

10. 地基荷载板试验过程中，剪切阶段土体处于塑性发展阶段，对应的拐点为比例极限。（ ）

11. 地基荷载板试验荷载板一般用刚性的方形板或圆形板，承压面积为 2 500cm^2 或 5 000cm^2。（ ）

12. 地基荷载板试验，各级荷载下沉相对稳定标准一般采用连续 2h 的每小时沉降量不超过 0.1mm。（ ）

13. 地基荷载板试验，一般用 *P-S* 曲线第一个拐点作为地基土的承载力。（ ）

14. 如果地基压缩层范围内土层是成层变化的，应进行不同尺寸承压板或不同深度的荷载板试验。（ ）

15. 标准贯入试验用贯入器打入土中 30cm 的锤击数作为标准贯入试验的锤击数。（ ）

16. 钻孔灌注桩，当地下水位高或流速大时，泥浆指标应取高限。（ ）

17. 钻孔灌注桩，地质状态较好，孔径或孔深较小时，泥浆指标应取高限。（ ）

18. 支承桩孔底沉淀层厚度不大于 300mm。（ ）

19. 嵌岩桩影响桩底支承条件的主要因素是清孔不彻底、孔底沉淀层超厚。（ ）

20. 钻芯法检测桩基完整性是目前普遍采用的检测方法。（ ）

21. 射线法是在桩顶激振，使桩体和桩土体系产生振动，通过波形和振动参数推定混凝土质量。（ ）

22. 反射波法适用于混凝土灌注桩和预制桩等刚性桩的桩身完整性检测。（ ）

23. 反射波法可以用来检测桩身的完整性，判断缺陷位置及桩端嵌固情况。（ ）

24. 反射波法检测桩基完整性，传感器安装可采用黄油等耦合剂，黏结应牢固，并与桩顶面垂直。（ ）

25. 反射波法检测桩基完整性，短桩或浅部缺陷桩的检测宜采用轻锤宽脉冲激振。（ ）

26. 反射波法检测桩基完整性，长桩、大直径桩或深度缺陷桩的检测宜采用重锤宽脉冲激振。（ ）

27. 反射波法检测桩基完整性，桩身完整性检测以波速为主，辅以时域曲线分析。（ ）

28. 反射波法检测桩基完整性，当桩身截面多变，且变化幅度较大的混凝土灌注桩，应结合其他检测方法评定。（ ）

29. 超声波检测桩基完整性，当超声脉冲穿过缺陷时，其声时值将减小。（ ）

30. 超声波检测桩基完整性，当超声脉冲穿过缺陷时，其波幅将增大。（ ）

31. 超声波检测桩基完整性，测得声时值即为超声脉冲在混凝土中的传播时间。（ ）

32. 超声波检测桩基完整性，理想状态下声时—深度曲线应为一直线。（ ）

33. 超声波检测桩基完整性，PSD 判据对缺陷十分敏感，而对因声测管不平行或混凝土强度不均匀等原因所引起的声时变化，基本上没有反应。（ ）

34. 超声波检测桩基完整性，临界 PSD 判据反映了测点间距、声波穿透距离、介质性质、测量的声时值等参数之间的综合关系，这一关系与缺陷性质有关。（ ）

35. 超声波检测桩基完整性，当实测超声波幅大于波幅临界值时，应将其作为可疑缺陷区。（ ）

36. 桩基动载试验是确定单桩承载力最基本、最可靠的方法。（ ）

37. 桩基静载试验，测量下沉值的基准梁应两端支承，不受深度影响而产生上拱或下挠。（ ）

38. 桩基静载试验，桩端下为巨粒土时，下沉稳定的标准是每级加载最后 2h 的下沉量不大于 0.1mm。（ ）

39. 桩基静载试验，总位移量大于或等于 40mm，或本级荷载下沉量大于或等于前一级荷载下沉量的 5 倍，即可终止加载，该级荷载即为极限荷载。（ ）

40. 高应变动力检测法可以直接用来测定单桩的轴向抗压极限承载力。（ ）

41. 高应变动力检测桩基承载力，应对桩头进行专门的加固处理。（ ）

42. 高应变动力检测，桩顶下两侧面应对称安装加速度传感器和应变传感器各一只，其与桩顶的距离不应小于 1.5 倍的桩径或边长。（ ）

43. 在吊入钢筋骨架后，灌注水下混凝土之前，应再次检查孔内泥浆性能指标和孔底沉淀厚度。（ ）

44. 采用声波透射法判断桩内缺陷时，检测管可焊接或绑扎在钢筋笼的内侧，检测管之间应相互平行。（ ）

45. 利用声波透射法检测桩基混凝土内部缺陷时，不平行的影响可在数据处理中予以鉴别和消除，所以对平行度不必苛求，但必须严格控制。（ ）

46. 采用声波透射法检测灌注桩质量时，PSD 判据法基本上消除了由于声测管不平行或混凝土不均匀等因素造成的声时变化对缺陷判断的影响。（ ）

47. 确定桩基承载力的检测方法有两种，一种是静载试验，另一种是动载试验。（ ）

48. 对于空洞、泥团、蜂窝等局部基桩缺陷范围的判断，可以采用扇形扫测和高差同步相结合的方法检测。（ ）

49. 钻孔灌注桩无论采用何种方法清孔，清孔后泥浆试样从孔中随机提取，进行性能指标检测。（ ）

50. 桩的各种不利缺陷最终都表现为桩的承载力下降。（ ）

51. 桩基检测单位具备行政主管部门颁发的专项检测资质证书即可承担检测任务。（ ）

52. 桩基检测人员取得桥梁试验检测工程师证书即可承担检测工作。（ ）

53. 低应变反射波法检测桩基完整性，应根据桩长和检测目的，选择不同材质的和质量的力锤或力棒。（ ）

54. 低应变反射波法进行桩基完整性分析，宜以时域曲线为主，辅以频率分析。（ ）

55. 超长桩、大直径扩底桩和嵌岩桩不宜采用低应变反射波法测定单桩轴向抗压极限承载力。（ ）

56. 高应变动测法，桩身锤击拉应力宜在预计桩端进入软土层时测试。（ ）

57. 高应变动测法，桩身锤击压应力宜在预计桩端进入硬土层时测试。（ ）

58. 高应变动测法分析桩承载力时，宜在第三击实测有效信号中选取能量和贯入度较大

者。（ ）

59. 凯司法阻尼系数 J_C 可由不少于 30％被检桩的拟合结果推算。（ ）

60. 超声波法检测桩基完整性，当检测剖面 n 个测点的声速值普遍偏低且离散性很小时，宜采用声速平均值判据。（ ）

三、多项选择题

1. 确定地基承载力容许值的方法有（ ）。

A. 参照法　B. 理论计算法　C. 现场荷载试验法　D. 经验公式法　E. 假设法

2. 规范法确定地基承载力容许值可适用于（ ）。

A. 黏性土　B. 砂土　C. 碎石土　D. 黄土　E. 多年冻土

3. 地基静力荷载板试验终止加载的情况包括（ ）。

A. 承压板周围土体明显挤出　B. 24h 内沉降等速增加　C. P-S 曲线出现陡降段　D. 加载至设计荷载　E. 试验时间超过 5d

4. 标准贯入试验可以用来判定砂土的（ ）。

A. 密实度　B. 承载力容许值　C. 稠度　D. 砂土振动液化　E. 砂桩承载力

5. 泥浆性能指标包括（ ）。

A. 相对密度　B. 黏度　C. 静切力　D. 含砂率　E. 胶体率

6. 钻孔灌注桩成孔质量检测的项目包括（ ）。

A. 桩径　B. 孔形　C. 倾斜度　D. 孔深　E. 孔底沉淀层厚度

7. 钻孔灌注桩桩身完整性常见质量缺陷包括（ ）。

A. 桩底承载力不足　B. 断桩　C. 缩径　D. 夹泥　E. 混凝土严重离析

8. 超声波检测桩基完整性依据的物理量包括（ ）。

A. 声时值　B. 波幅　C. 频率　D. 波形　E. PSD 判据

9. 超声波检测桩基完整性，声时修正值包括（ ）。

A. 系统延迟时间　B. 检测管壁传播修正

C. 水中传播声时修正 D. 倾斜修正

E. 高差修正

10. 超声波检测桩基完整性，适用 PSD 判据确定有缺陷区段，应综合运用（ ）指标。

A. 声时 B. 波幅 C. 频率 D. 波形

E. 波速

11 高应变动力检测法检测桩身完整性，出现（ ）情况，采集信号不得作为有效信号。

A. 传感器安装处混凝土开裂 B. 传感器安装处混凝土出现严重塑性破坏

C. 传感器安装松动 D. 传感器损坏

E. 锤击严重偏心

12. 地基荷载板试验 *P-S* 曲线包括（ ）几个阶段。

A. 压密阶段 B. 剪切阶段

C. 破坏阶段 D. 隆起阶段

E. 恢复阶段

13. 下列（ ）方法可以测定地基土的承载力。

A. 标准贯入试验 B. 现场荷载试验

C. 压缩试验 D. 固结试验

E. 取样法

14. 湿作业灌注桩成孔质量检查的主要内容包括（ ）。

A. 桩位偏差检查 B. 孔径检查

C. 桩倾斜度检查 D. 孔底沉淀土厚度检查

E. 泥浆指标检测

15. 超声波透射法可以采用（ ）法对检测数据进行处理。

A. 声速判据 B. 波幅判据

C. PSD 判据 D. 多因素概率分析

E. 抽样

16. 基桩低应变动力检测法的优点有（ ）。

A. 设备轻便灵活 B. 现场检测工作量小

C. 检测效率高 D. 多处缺陷容易判定

E. 检测费用低

17. 根据检测原理，混凝土钻孔灌注桩桩身的完整性无损检测常用的方法有（ ）。

A. 钻芯检验法 B. 振动检验法

C. 超声脉冲检验法 D. 射线法

E. 回弹法

18. 钻孔灌注桩钻孔过程中泥浆的作用包括（ ）。

A. 悬浮钻渣 B. 增大静水压力

C. 护壁防止塌孔 D. 减小钻孔阻力

E. 切断水流渗透路径

19. 桥梁基础形式包括（ ）。

A. 扩大基础　　B. 桩基础
C. 沉井基础　　D. 地下连续墙基础
E. 组合式基础

20. 高应变动测法检测单桩极限承载力适用于（　）。
A. 混凝土灌注桩　　B. 打入钢管桩
C. 预制桩　　D. 嵌岩桩
E. 括底桩

21. 低应变反射波法可用于检测桩基（　）。
A. 完整性　　B. 缺陷位置
C. 桩端嵌固情况　　D. 承载力
E. 几何尺寸

22. 低应变反射波法可用于检测（　）完整性。
A. 混凝土灌注桩　　B. 混凝土预制桩
C. 混凝土挖孔桩　　D. 钢桩
E. 木桩

23. 低应变反射波法检测桩基完整性，出现下列情况应结合其他方法检测（　）。
A. 桩底反射信号不明显
B. 桩身截面多变
C. 桩长推算值与实际值不符
D. 实测信号复杂、无规律
E. 预制桩时域曲线在接头处反射明显

24. 高应变动测法检测单桩极限承载力，出现下列情况应结合其他方法检测（　）。
A. 桩身有扩径　　B. 桩身截面多变
C. 桩身存在多处缺陷　　D. 力和速度曲线在峰值附近出现异常
E. 桩身波阻抗变化复杂

25. 超声波法检测桩基完整性，检测前应做好以下准备工作（　）。
A. 声测管清空　　B. 声测管注满清水
C. 标定系统延迟时间　　D. 测量声测管内外径
E. 实测混凝土强度

四、问答题

1. 简述标准贯入试验确定地基承载力的试验步骤。
2. 简述反射波法检测桩基完整性的基本原理，现场检测前应做哪些准备工作？
3. 简述超声波法检测桩基完整性时，对预埋声测管有哪些要求。
4. 简述超声波法检测桩基完整性时，现场检测主要步骤。
5. 简述超声波法检测桩基完整性时，检测前应做哪些准备工作。
6. 典型荷载板试验 P-S 曲线有何特点及确定地基承载力的方法有哪几种？

7. 简述桩基静载试验对测量位移装置有哪些要求，测量基准点有何要求。

8. 某桥梁桩基静载试验实测数据见下表。根据实测数据绘制 *P-S* 曲线示意图，并确定该桩极限荷载与承载力容许值。

荷载 *P*（kN）	100	200	300	400	500	600	700	800	900	1 000	1 100	1 200	1 300	1 400	1 500	1 600
沉降 *S*（mm）	0.34	0.67	1.02	1.68	2.74	3.81	4.59	5.70	6.85	7.91	9.22	11.10	13.68	18.18	22.15	39.98

第六章　桥梁材质状况与状态参数检测评定

一、单项选择题

1. 钻芯法检测混凝土构件强度，按单个构件检测时，每个构件的钻芯数量不少于（　）个。
A. 2　B. 3　C. 4　D. 6

2. 钻芯法检测混凝土构件强度，钻取的芯样直径一般不宜小于骨料最大粒径的（　）倍。
A. 1　B. 2　C. 3　D. 4

3. 钻芯法检测混凝土构件强度，芯样抗压试件的高度和直径之比应在（　）范围。
A. 0.5～1.0　B. 1.0～1.5　C. 1.0～2.0　D. 1.5～2.0

4. 对混凝土强度等级低于（　）的结构，不宜采用钻芯法检测。
A. C10　B. C15　C. C20　D. C25

5. 钻芯法检测混凝土强度，每个试件内最多只允许含有两根直径小于（　）的钢筋。
A. 6mm　B. 8mm　C. 10mm　D. 12mm

6. 回弹仪在洛氏硬度 HRC 为 60±2 的钢砧上，率定值应为（　）。
A. 40±2　B. 60±2　C. 80±2　D. 100±2

7. 回弹仪法检测混凝土构件，每一结构或构件测区数一般不应少于（　）。
A. 4　B. 6　C. 8　D. 10

8. 回弹仪法检测混凝土构件，相邻两测区的间距应控制在（　）以内。
A. 0.5m　B. 1.0m　C. 1.5m　D. 2.0m

9. 回弹仪法检测混凝土构件，测区距构件端部不宜大于 0.5m，且不宜小于（　）。
A. 0.05m　B. 0.1m　C. 0.15m　D. 0.2m

10. 回弹仪法检测混凝土构件，测区面积不宜大于（　）。
A. $0.01m^2$　B. $0.02m^2$　C. $0.03m^2$　D. $0.04m^2$

11. 回弹仪法检测混凝土构件，测点宜在测区内均匀分布，相邻测点的净距不宜小于（　）。
A. 10mm　B. 15mm　C. 20mm　D. 40mm

12. 回弹仪法检测混凝土构件，回弹值测量完毕，应在有代表性的位置上测量碳化深度，测点数不少于构件测量数的（　）。
A. 10%　B. 20%　C. 30%　D. 40%

13. 回弹仪法检测混凝土构件，当碳化深度值大于（　）时，应在每一个测区测量碳化深度。
A. 0.5mm　B. 1mm　C. 2mm　D. 4mm

14. 检测混凝土碳化深度需用浓度为（　）酚酞酒精溶液。
A. 1%　B. 2%　C. 3%　D. 4%

15. 检测混凝土碳化深度，每个测区应记录（　）个回弹值。
A. 8　B. 16　C. 20　D. 32

16. 检测混凝土碳化深度，按批量检测的构件，混凝土强度平均值小于 C25，标准偏差大于(　)时应按单个构件评定。

A. 2.5MPa　B. 3.0MPa　C. 4.5MPa　D. 5.5MPa

17. 回弹法检测混凝土强度，全国测强曲线适用的龄期为(　)。

A. 28～500d　B. 28～1 000d　C. 14～500d　D. 14～1 000d

18. 全国统一测强曲线进行测区混凝土强度换算，适用的强度等级为(　)。

A. 5～50MPa　B. 10～50MPa　C. 5～60MPa　D. 10～60MPa

19. 回弹仪法检测混凝土碳化深度，按批量进行检测的构件，抽检数量不得少于同批构件总数的(　)，且不得少于 10 件。

A. 10%　B. 20%　C. 30%　D. 40%

20. 超声波检测混凝土的均匀性，一般采用(　)。

A. 对测法　B. 斜测法　C. 平测法　D. 钻孔法

21. 超声波检测表面损伤层厚度时，一般采用(　)。

A. 对测法　B. 斜测法　C. 平测法　D. 钻孔法

22. 当混凝土预计裂缝深度大于 500mm 时，应采用(　)检测。

A. 对测法　B. 斜测法　C. 平测法　D. 钻孔法

23. 钢管混凝土缺陷一般采用(　)检测。

A. 径向对测法　B. 斜测法　C. 平测法　D. 钻孔法

24. 评定混凝土的抗压强度，应以标准养护(　)龄期的试件为准。

A. 7d　B. 14d　C. 28d　D. 90d

25. 连续浇注大体积混凝土结构时，每 80～200m^3 或每一工作班应制取(　)试件。

A. 1 组　B. 2 组　C. 3 组　D. 4 组

26. 桥梁上部构件，主要构件 16m 以下时应制取(　)试件。

A. 1 组　B. 2 组　C. 3 组　D. 4 组

27. 桥梁上部构件，主要构件 16～30m 以下时应制取(　)试件。

A. 1 组　B. 2 组　C. 3 组　D. 4 组

28. 钻孔灌注桩桩长在 20m 以上，至少应制取(　)试件。

A. 1 组　B. 2 组　C. 3 组　D. 4 组

29. 扭剪型高强螺栓连接副件的抽样套数为(　)。

A. 3　B. 5　C. 8　D. 10

30. 高强度大六角头螺栓连接副扭矩系数的抽样套数为(　)。

A. 3　B. 5　C. 8　D. 10

31. 漆膜磁性测厚仪测量精度要求(　)。

A. 1μmm　B. 2μmm　C. 5μmm　D. 10μmm

32. 下列能够测定成桥后索力的方法是(　)。

A. 电阻应变片法　B. 千斤顶法　C. 传感器法　D. 振动测定法

33. 钻芯法按自然干燥状态进行试验时，芯样试件在受压前应在室内自然干燥(　)。

A. 1d　B. 2d　C. 3d　D. 5d

34. 钻芯法按潮湿状态进行试验时，芯样试件应在 20±5℃的清水中浸泡（　）小时，从水中取出后应立即进行抗压强度试验。

A. 10～20　B. 20～30　C. 30～40　D. 40～48

35. 用回弹法测强时，其碳化深度为 0.3mm，其计算深度取值为（　）。

A. 0mm　B. 0.3mm　C. 0.5mm　D. 1.0mm

36. 用回弹法测强时，其碳化深度为不大于（　）时，应对其进行修正。

A. 1mm　B. 2mm　C. 4mm　D. 6mm

37. 回弹值的计算中，当测试混凝土底面时，数据处理时首先要进行（　）。

A. 角度的修正　B. 浇筑面的修正　C. 不需修正　D. 同时修正

38. 回弹仪在每次使用前应该进行（　）。

A. 可立即使用　B. 校验　C. 率定　D. 常规保养

39. 混凝土的强度愈低，则塑性变形愈大，从而回弹值就（　）。

A. 愈大　B. 愈小　C. 不变　D. 无法判定

40. 用回弹法测强时，其碳化深度为 9mm，计算时取为（　）。

A. 0.0mm　B. 3mm　C. 6mm　D. 9mm

41. 在诸多混凝土缺陷的无损检测方法中，应用最广泛是（　）。

A. 超声法　B. 回弹法　C. 钻芯法　D. 拔出法

42. 在工程混凝土强度检测中，回弹测点一般要求布置在构件混凝土浇注方向的（　）。

A. 侧面　B. 顶面　C. 底面　D. 内部

43. 当采用钻孔法检测深裂缝的深度时，需要向测孔中（　）。

A. 直接放入换能器进行检测即可　B. 注入泥浆

C. 应注满清水　D. 注入黄油

44. 目前工程中超声波法主要采用（　）来判别混凝土缺陷。

A. 波速　B. 波形　C. 频率　D. 波幅

45. 调试超声波检测仪时，测得 $t_0=5\mu s$，已知某测点声距 $L=40cm$，仪器显示声时为 $105\mu s$，则超声波在混凝土中传播的声速为（　）。

A. 3 636m/s　B. 3 810m/s　C. 4 000m/s　D. 4 200m/s

46. 所谓浅裂缝，系指局限于结构表层，开裂深度不大于（　）mm 的裂缝。

A. 500　B. 600　C. 700　D. 800

47. 评定水泥混凝土的抗压强度，每批的试件组数一般不超过（　）组。

A. 30～50　B. 50～80　C. 80～100　D. 100～120

48. 电位法检测钢筋锈蚀状态，混凝土含水率对量测值有明显影响，因此测量时构件应在自然状态，含水率约为（　）。

A. 1%～2%　B. 2%～3%　C. 2%～5%　D. 5%～10%

49. 电位法检测钢筋锈蚀状态，当环境温度在（　）范围之外，要对铜/硫酸铜电极做温度修正。

A. 20℃±3℃　B. 22℃±5℃　C. 25℃±3℃　D. 25℃±2℃

50. 电位法检测钢筋锈蚀状态，表示无锈蚀活动的电位水平标准为（　）。

A. 0～−200　B. −200～−300

C. －300～－400　　D. －400～－500

51. 电位法检测钢筋锈蚀状态，表示构件存在锈蚀开裂区域的电位水平标准为（　）。

A. 0～－200　　B. －200～－300　　C. －300～－400　　D. ＜－500

52. 混凝土氯离子含量检测每一测区取粉的钻孔数量不宜少于（　）。

A. 1 个　　B. 2 个　　C. 3 个　　D. 4 个

53. 混凝土中氯离子含量检测时，钻孔取粉后应将样品放置（　）环境温度下 2h。

A. 20℃±3℃　　B. 20℃±5℃　　C. 63℃±5℃　　D. 105℃±5℃

54. 混凝土中诱发钢筋锈蚀活化的氯离子含量标准为（　）。

A. ＜0.15　　B. 0.4～0.7　　C. 0.7～1.0　　D. ＞1.0

55. 混凝土中会诱发钢筋锈蚀的氯离子含量标准为（　）。

A. ＜0.15　　B. 0.4～0.7　　C. 0.7～1.0　　D. ＞1.0

56. 混凝土中对钢筋锈蚀影响很小的氯离子含量标准为（　）。

A. ＜0.15　　B. 0.4～0.7　　C. 0.7～1.0　　D. ＞1.0

57. 混凝土电阻率测量采用（　）。

A. 二电极　　B. 三电极　　C. 四电极　　D. 五电极

58. 混凝土电阻率对钢筋锈蚀影响很快的电阻率标准为（　）。

A. ＞20 000Ω·cm　　B. 10 000～15 000Ω·cm

C. 5 000～10 000Ω·cm　　D. ＜5 000Ω·cm

59. 混凝土钢筋分布测区按照单个构件检测时，每个构件上的测区数不少于（　）。

A. 2 个　　B. 3 个　　C. 4 个　　D. 5 个

60. 混凝土钢筋分布检测相邻两个测区间距不宜小于（　）。

A. 0.5m　　B. 1m　　C. 1.5m　　D. 2m

61. 混凝土钢筋分布检测每个测区测点数不少于（　）。

A. 5 个　　B. 10 个　　C. 16 个　　D. 20 个

62. 对某一类构件进行混凝土钢筋分布检测时，抽样数不少于同类构件总数的（　）。

A. 5%　　B. 10%　　C. 30%　　D. 50%

63. 当两根钢筋横向并列在一起时，其等效直径为（　）。

A. d_1+d_2　　B. $2(d_1+d_2)$　　C. $1/2(d_1+d_2)$　　D. $3/4(d_1+d_2)$

64. 当两根钢筋竖向并列在一起时，其等效直径为（　）。

A. d_1+d_2　　B. $2(d_1+d_2)$　　C. $1/2(d_1+d_2)$　　D. $3/4(d_1+d_2)$

65. 混凝土保护层易使钢筋失去碱性保护，造成钢筋锈蚀的评定标度为（　）。

A. ＞0.95　　B. 0.70～0.85　　C. 0.55～0.70　　D. ＜0.55

66. 用校准钻孔法修正钢筋保护层厚度，实测保护层厚度为 52mm，仪器测量厚度为 56mm，则修正系数为（　）。

A. 1.08　　B. 0.93　　C. 1.15　　D. 0.9

67. 混凝土的碳化是由于混凝土中碱性物质与（　）等气体发生的中性反应。

A. CO_2　　B. N　　C. Cl^3　　D. S_2O_3

68. 桥梁结构技术状况评定等级为 1、2、3、4、5，对应的缺陷状况评定标度为（　）。

A. 1、2、3、4、5　　B. 5、4、3、2、1

C. 100、90、80、70、60　　D. 好、较好、差、较差、危险

69. 在用桥梁混凝土强度状况为良好时，对应的评定标度为(　)。

A. 1　　B. 2　　C. 3　　D. 4

70. 在用桥梁混凝土强度均质系数介于(0.95，0.9]之间时，对应的评定标度为(　)。

A. 1　　B. 2　　C. 3　　D. 4

71. 混凝土桥梁钢筋锈蚀电位每一测区的测点数不宜少于(　)。

A. 5　　B. 10　　C. 15　　D. 20

72. 混凝土桥梁钢筋锈蚀电位检测宜采用(　)。

A. 全电池电位　　B. 半电池电位　　C. 桥式电位

73. 评定混凝土桥梁钢筋发生锈蚀活性的指标为(　)。

A. 电位　　B. 氯离子含量　　C. 电阻率　　D. 碳化

74. 混凝土桥梁钢筋锈蚀电位≥－200 时，对应评定标度为(　)。

A. 1　　B. 2　　C. 3　　D. 4

75. 混凝土桥梁构件存在锈蚀开裂区域时，对应的锈蚀电位约为(　)。

A. ≥－200　　B. (－200，－300)

C. (－400，－500)　　D. < －500

76. 混凝土桥梁氯离子含量及其分布，要求每一被检测构件测区数量不宜少于(　)。

A. 2　　B. 3　　C. 4　　D. 5

77. 对混凝土桥梁进行电阻率检测时，要求被检测构件的测区数量不宜少于(　)。

A. 10　　B. 20　　C. 30　　D. 40

78. 当混凝土桥梁电阻率＜5 000 时，对应的评定标度为(　)。

A. 2　　B. 3　　C. 4　　D. 5

79. 对混凝土桥梁锈蚀电位评定标度值为 3、4、5 的主要构件，碳化检测测区数量不应少于(　)。

A. 2　　B. 3　　C. 4　　D. 5

80. 对混凝土桥梁锈蚀电位评定标度值为 3、4、5 的主要构件，混凝土强度测区数量不应少于(　)。

A. 10%　　B. 20%　　C. 30%　　D. 40%

81. 当混凝土碳化深度平均值与实测保护层厚度的平均值的比值≥2.0 时，其对应的评定标度为(　)。

A. 2　　B. 3　　C. 4　　D. 5

82. 混凝土桥梁构件钢筋混凝土保护层厚度特征值与设计值的比值≤0.55 时，对应的评定标度为(　)。

A. 2　　B. 3　　C. 4　　D. 5

83. 桥梁上部结构实测自振频率与理论计算频率的比值≥1.1 时，其对应的评定标度为(　)。

A. 2　　B. 3　　C. 4　　D. 5

84. 桥梁拉吊索索力偏差超过( )时，应检定其安全系数是否满足要求。

A. ±1%　　B. ±5%　　C. ±10%　　D. ±15%

85. 公路桥梁总体技术状况评定等级分为( )。

A. 2 类　　B. 3 类　　C. 4 类　　D. 5 类

86. 公路桥梁有轻微缺损，对桥梁使用功能无影响，则其技术状况等级为( )。

A. 1 类　　B. 2 类　　C. 3 类　　D. 4 类

87. 公路桥梁主要构件存在严重缺损，不能正常使用，危及桥梁安全，处于危险状态，则其技术状况等级为( )。

A. 1 类　　B. 2 类　　C. 3 类　　D. 4 类

88. 公路桥梁技术状况评定基本单元是( )。

A. 构件　　B. 部件　　C. 上部结构　　D. 下部结构

89. 当桥梁上、下部结构技术状况等级为 3 类、桥面系技术状况等级为 4 类，且桥梁总体技术状况评分介于 40～60 时，桥梁总体技术状况评定等级为( )。

A. 1 类　　B. 2 类　　C. 3 类　　D. 4 类

90. 梁式桥上部结构有落梁或梁板断裂时，该桥梁技术状况评定等级为( )。

A. 2 类　　B. 3 类　　C. 4 类　　D. 5 类

91. 桥梁扩大基础冲刷深度大于设计值，冲空面积达 20%以上，则该桥梁技术状况评定等级为( )。

A. 2 类　　B. 3 类　　C. 4 类　　D. 5 类

92. 桥梁结构技术状况评价时，上部结构、下部结构和桥面系组成权重为( )。

A. 0.4∶0.2∶0.4　　B. 0.4∶0.4∶0.2

C. 0.2∶0.4∶0.4　　D 0.4∶0.3∶0.3

二、判断题

1. 钻芯法测定混凝土构件强度，芯样直径在任何情况下不得小于骨料最大粒径的 2 倍。( )

2. 钻芯芯样试件宜在与被检测结构或构件混凝土湿度基本一致的条件下进行抗压试验。( )

3. 硫磺胶泥补平钻芯芯样一般适用于自然干燥状态下试件，水泥砂浆补平法一般适用于潮湿状态下试件。( )

4. 回弹法测定混凝土强度是属于一种表面硬度法。( )

5. 混凝土强度愈低，则塑性变形愈大，回弹值愈大。( )

6. 回弹仪不使用时，应将弹击杆压入仪器内，装入仪器箱，平放在干燥阴凉处。( )

7. 回弹测区应尽可能使回弹仪处于水平方向检测混凝土浇注侧面。( )

8. 回弹测点不应在气孔或外露石子上，距外露钢筋预埋件的距离不宜小于 30mm。( )

9. 测量混凝土碳化深度时，应采用适当的工具在测区表面形成直径约 15mm 的孔洞，用水将孔洞内粉末冲洗干净。( )

10. 测区回弹值取 16 个测点值的平均值。（ ）

11. 当检测时回弹仪为非水平方向且测试面为非浇注侧面时，应先进行浇注面修正，再进行角度修正。（ ）

12. 回弹法测定混凝土应首先选用专用测强曲线进行推算。（ ）

13. 回弹法测定混凝土强度，当测区数少于 10 个时，应按最小测区强度检算值作为混凝土强度评定值。（ ）

14. 掺加引气型外加剂的混凝土不能采用全国统一测强曲线进行混凝土强度检算。（ ）

15. 当混凝土构件强度大于 50MPa 时，可采用标准能量大于 2.207J 的混凝土回弹仪，并用专用测强曲线进行检测。（ ）

16. 超声波仪仪器显示的时间(声时)即为超声波在被检测物体中的传播时间。（ ）

17. 当采用一只厚度振动式换能器和一只径向振动式换能器进行检测时，声时初读数可取该厚度振动式换能器和径向振动式换能器的初读数之和的一半。（ ）

18. 当混凝土的组成材料、工艺条件、内部质量及测试距离一定时，各测点超声传播速度首波波幅和接受信号主频率等声学参数一般无明显差异。（ ）

19. 超声换能器应通过耦合剂与结构表面接触，耦合层中不得夹杂泥沙或空气。（ ）

20. 超声换能器一般利用脉冲在缺陷界面的反射信号作为判别缺陷状态的依据。（ ）

21. 超声波检测混凝土相对均匀性，声波传播方向保持与主钢筋的方向一致。（ ）

22. 由于超声波声速与混凝土厚度之间是线性关系，可以作为混凝土均匀性等级评定的依据。（ ）

23. 超声波检测混凝土表面损伤层厚度，测点布置应避免两换能器的连线方向与附近主钢筋的轴线平行。（ ）

24. 混凝土表面损伤层检测宜选用频率较低的径向振动式换能器。（ ）

25. 大体积混凝土最好在气温较高的季节或结构受荷状态下进行裂缝检测。（ ）

26. 超声回弹综合法与单一的回弹法或超声波相比，受混凝土龄期和含水率影响小，测试精度高，适用广。（ ）

27. 超声回弹综合法对同批构件进行检测时，构件抽样数应不少于用批构件的 30%，且不少于 4 件，每个构件的测区数不少于 10 个。（ ）

28. 当用超声回弹综合法检测混凝土浇注顶面及底面时，应对声速进行修正。（ ）

29. 超声回弹综合法检测单个构件时，混凝土强度推定值取各测区中最小的混凝土强度换算值。（ ）

30. 拔出法是一种介于钻芯法和无损检测方法之间的检测方法，操作简单易行，有足够精度。（ ）

31. 不同强度等级及不同配合比的混凝土应在浇注地点或拌和地点分别随即制取试件。（ ）

32. 当混凝土试件组数大于或等于 10 组时，应采用数理统计方法进行评定。（ ）

33. 同一类构件当混凝土浇注间隔时间较长时，应分别评定。（ ）

34. 钢结构若焊缝表面出现缺陷，焊缝内部便有存在缺陷的可能。（ ）

35. 采用磁粉检测方法检测磁性材料的表面缺陷，比使用超声波或射线检测的灵敏度高。

( )

36. 用钻芯法测得的混凝土强度可以直接用来评定结构混凝土的强度等级。( )

37. 混凝土芯样的高度与直径之比对所测抗压强度影响不大。( )

38. 回弹法测强的误差比较大,因此对比较重要的构件或结构物强度检测必须慎重使用。( )

39. 回弹法对弹击时产生颤动的薄壁、小型构件应进行固定。( )

40. 用回弹仪测定水泥混凝土强度时,混凝土碳化使混凝土表面回弹值变小。( )

41. 当粗集料最大粒径大于 60mm 时,不能采用回弹法测强。( )

42. 在超声波测试混凝土内部缺陷时,钢筋轴线与声波传播方向平行时,钢筋对波速的影响不大。( )

43. 预应力可使混凝土构件在使用荷载作用下不致开裂或推迟开裂,或者使裂缝宽度减小。( )

44. 电位法检测钢筋锈蚀是利用混凝土中钢筋的电化学反应引起的电压变化来测定钢筋锈蚀状态。( )

45. 电位法是通过测定钢筋—混凝土电极与在混凝土表面的铜/硫酸铜参考电极之间的电位差评定钢筋锈蚀状态。( )

46. 电位法检测钢筋锈蚀状态时要求混凝土表面应处于干燥状态。( )

47. 电位法检测钢筋锈蚀状态时铜/硫酸铜电极一般接二次仪表的负输入端,钢筋接二次仪表的正输入端。( )

48. 为保证电位法检测钢筋锈蚀状态时能保证良好的导电性,两个测点之间应保留自由表面水。( )

49. 由于混凝土含水量对电位法量测精度影响较大,一般要进行现场比较性试验以提高评定可靠度。( )

50. 混凝土中氯离子可诱发并加速钢筋的锈蚀,测量混凝土中氯离子含量可以直接评定钢筋锈蚀活化的可能性。( )

51. 混凝土中氯离子含量检测时,钻孔取粉应分层收集。每次收集后,钻头、硬塑料管及钻孔内都应用水清理干净。( )

52. 混凝土中氯离子含量检测时,钻孔取粉时同一测区不同孔相同深度的粉末可收集在一个塑料袋内,质量不应少于 25g。( )

53. 混凝土中氯离子含量检测时,钻孔取粉时不同测区测孔相同深度的粉末可收集在一个塑料袋内,质量不应少于 25g。( )

54. 采用滴定条法测定氯离子含量,当分析取样 5g,加硝酸 50mL,则查表所得的值即为氯离子百分比含量。( )

55. 混凝土电阻率可通过混凝土表面两电压电极间的混凝土电阻测出。( )

56. 混凝土内部钢筋检测时,将测试仪传感器在构件表面平行移动,当仪器显示值最大时,传感器正方即是所测钢筋的位置。( )

57. 混凝土内部钢筋位置确定后,将测试仪传感器在原处左右转动一定角度,仪器显示最小值时传感器长轴线的方向即是钢筋的走向。( )

58. 混凝土保护层测读时，将测试仪传感器置于钢筋位置正上方，仪器显示最小值即是该处保护层厚度。（ ）

59. 钢筋保护层测量，对于不同钢种和直径应确定各自的修正系数，每一修正系数应采用三次平均值。（ ）

60. 钢筋分布测量用标准垫块进行综合修正时，修正系数为传感器在标准垫块上的测量值与在混凝土表面上的测量值之差。（ ）

61. 钢筋保护层测量经过修正后，准确度可在5%以内。（ ）

62. 钢筋锈蚀电位是指钢筋混凝土在干燥状态下半电池电极与测试参考电极之间的电位差。（ ）

63. 钢筋锈蚀电位差越大，混凝土中钢筋发生锈蚀的可能性越小。（ ）

64. 测量混凝土中氯离子含量可直接评判钢筋锈蚀活化的可能性。（ ）

65. 混凝土中氯离子含量越高，钢筋发生锈蚀的可能性越大。（ ）

66. 混凝土电阻率反映了混凝土的导电性，可直接判断钢筋的可能锈蚀速率。（ ）

67. 混凝土电阻率越大，钢筋锈蚀发展越快。（ ）

68. 根据混凝土中钢筋处氯离子含量评判诱发钢筋锈蚀可能性时，应按照测区最低氯离子含量确定。（ ）

69. 混凝土氯离子含量越高，钢筋发生锈蚀的可能性越大。（ ）

70. 评定钢筋锈蚀速率时，应按照测区电阻率最大值确定混凝土电阻率评定标度。（ ）

71. 测量混凝土桥梁电阻率时，结构或构件应处于最不利状态。（ ）

72. 混凝土碳化评定标度由实测保护层厚度平均值与测区混凝土碳化深度平均值的比值确定。（ ）

73. 混凝土碳化会破坏钢筋周围的钝化膜，易造成钢筋锈蚀。（ ）

74. 通过测试混凝土碳化深度评定其对钢筋锈蚀影响。（ ）

75. 混凝土桥梁钢筋保护层厚度可采用电磁检测法进行无损检测。（ ）

76. 钢筋保护层厚度评定标度由实测保护层厚度特征值直接确定。（ ）

77. 混凝土保护层厚度是影响结构钢筋耐久性的一个重要因素。（ ）

78. 公路桥梁技术状况检测采用目测与仪器相结合的方法。（ ）

79. 公路桥梁技术状况评定采用分层综合评定法。（ ）

80. 公路桥梁技术状况评定采用分层综合评定与5类桥梁单项控制指标相结合的方法。（ ）

81. 当单个桥梁存在不同结构形式时，可根据结构形式的分布情况划分评定单元，分别对各单元进行技术状况等级评定。（ ）

82. 全桥总体技术状况等级评定时，当主要部件评分达到4类或5类且影响桥梁安全时，可按照桥梁主要部件最差的缺损状况评定。（ ）

三、多项选择题

1. 目前混凝土无破损检测方法有（ ）。

A. 钻芯法　　B. 回弹法

C. 超声法　　D. 超声—回弹综合法

E. 拉拔法

2. 钻芯法检测混凝土强度，需对芯样测量以下哪几个指标（　）。

A. 平均直径　　B. 芯样高度

C. 垂直度　　D. 平整度

E. 重量

3. 以下哪几种情况下不得采用钻芯法评定混凝土强度（　）。

A. C10 以下混凝土　　B. 含有两根直径小于 10mm 的钢筋

C. 芯样有裂缝　　D. 芯样高度小于 0.95 直径

E. 芯样大于 2.05 倍直径

4. 在下列哪种情况下需对回弹仪进行标定（　）。

A. 新仪器启用　　B. 累计弹击超过 6 000

C. 使用 1 年以上　　D. 保养后钢砧率定值 70±2

E. 受严重撞击

5. 回弹法检测混凝土强度，下列哪几种情况能采用全国统一测强曲线进行换算（　）。

A. 普通成型工艺　　B. 标准模板

C. 掺加引气型外加剂　　D. 混凝土处于潮湿状态

E. 混凝土抗压强度 50MPa

6. 回弹法检测混凝土强度，下列哪几种情况不能采用全国统一测强曲线进行换算（　）。

A. 掺加引气型外加剂　　B. 特种成型工艺

C. 龄期 5 年　　D. 钢模浇注

E. 抗压强度 70MPa

7. 回弹法检测混凝土强度，下列哪几种情况必须采用专用测强曲线进行换算（　）。

A. 粗集料最大粒径大于 40mm　　B. 粗集料最大粒径大于 60mm

C. 特种成型工艺　　D. 检测部位曲率半径小于 250mm

E. 潮湿或浸水混凝土

8. 平面振动式换能器声时初读数标定方法有（　）。

A. 直接相对法　　B. 长短测距法

C. 标准试棒法　　D. 水测法

E. 共振法

9. 超声换能器检测混凝土质量布置方法有（　）

A. 对测法　　B. 斜测法

C. 平测法　　D. 钻孔法

E. 重叠法

10. 超声波检测混凝土相对均匀性要求满足（　）。

A. 有相对平行测试面　　B. 测点间距 200～500mm

C. 测点间距 500～1 000mm　　D. 靠近主钢筋方向

E. 避开主钢筋方向

11. 超声波检测混凝土浅裂缝可采用（ ）。

A. 对测法　　B. 平测法

C. 双面斜测法　　D. 钻孔法

E. 重叠法

12. 超声波检测混凝土结合面施工质量可采用（ ）。

A. 对测法　　B. 平测法

C. 斜测法　　D. 钻孔法

E. 重叠法

13. 钢结构构件焊接过程检验项目包括（ ）。

A. 原材料　　B. 焊接规范

C. 焊缝尺寸　　D. 装配质量

E. 内部探伤检测

14. 下列属于焊接规范检查的项目是（ ）。

A. 焊接电流　　B. 焊接电压

C. 焊接速度　　D. 焊条直径

E. 焊接顺序

15. 能够进行施工过程索力测试的方法有（ ）。

A. 电阻应变片法　　B. 拉索伸长量测定法

C. 张拉千斤顶测定法　　D. 压力传感器测定法

E. 振动测定法

16. 钻芯法钻取芯样的部位应满足（ ）。

A. 结构或构件受力较小的部位　　B. 混凝土强度质量具有代表性的部位

C. 便于钻芯机安放与操作的部位　　D. 避开主筋、预埋件和管线的位置

E. 与非破损法取同一测区

17. 回弹测区的选择应符合（ ）。

A. 测区数一般不少于 10 个　　B. 测区面积为 20cm×20cm

C. 避开外露预埋铁件　　D. 避开粗集料

E. 薄壁构件应进行固定

18. 回弹法测强影响因素包括（ ）。

A. 水泥品种　　B. 粗骨料品种

C. 成型方法　　D. 模板种类

E. 混凝土龄期

19. 超声法检测浅裂纹时，应注意（ ）。

A. 裂缝中不得有水或水泥等夹杂物

B. 换能器必须对称裂缝轴线布置

C. 混凝土中应无主钢筋

D. 裂缝走向应接近直线

E. 与钢筋轴线相距1.5倍预计裂缝深度

20. 超声波法检测混凝土缺陷的依据有（ ）。

A. 超声脉冲波在混凝土中遇到缺陷时产生绕射

B. 超声脉冲波在缺陷界面产生散射和反射

C. 超声脉冲波中各频率成分在缺陷界面衰减程度不同

D. 超声脉冲波通过缺陷时，部分声波会产生路径和相位变化，产生波形畸变

E. 超声波对混凝土的组成材料、内部质量及测试距离一定时，参数变化明显

21. 超声波法可以检测混凝土的哪几种缺陷（ ）。

A. 混凝土浅裂缝　　B. 混凝土均匀性

C. 混凝土结合面质量　　D. 混凝土中不密实区和空洞

E. 混凝土深裂缝

22. 有缺陷处混凝土的超声波与无缺陷混凝土相比较，可能发生（ ）。

A. 声时明显偏大　　B. 波幅明显降低

C. 频率明显降低　　D. 声径长度变短

E. 声径长度变长

23. 混凝土结构物的缺陷和损伤的形成原因有（ ）。

A. 施工原因

B. 非外力作用形成的裂缝

C. 长期在腐蚀介质或冻融作用下由表及里的层状疏松

D. 外力作用所产生的裂缝

E. 人为破坏

24. 电位法检测钢筋锈蚀状态时，测区的选择与测点布置应满足（ ）。

A. 检测范围为承重构件主要受力部位

B. 检测范围为次要受力部位

C. 测点数量一般不少于20个

D. 测点位置距构件边缘大于50mm

E. 测区内相邻测点读数大于150mV时，应减少测点间距

25. 电位法检测钢筋锈蚀状态时，测量值的采集应满足（ ）。

A. 测点读数变动不超过2mV

B. 测点读数变动不超过5V

C. 不同的电极重复测读的差异不超过10mV

D. 不同的电极重复测读的差异不超过20mV

E. 同一测点，同一参考电极，重复读数差异不超过10mV

26. 电位法检测钢筋锈蚀状态时，测量值将会受以下因素影响（ ）。

A. 温度影响　　B. 电磁场干扰影响

C. 混凝土保护层影响　　D. 混凝土含水率影响

E. 仪器输入阻抗影响

27. 混凝土氯离子含量检测时，测区的选择与测点布置应满足（ ）。

A. 检测范围为承重构件主要受力部位　B. 检测范围为次要受力部位
C. 测点数量一般不少于 20 个　D. 测点位置距构件边缘大于 50mm
E. 钢筋有明显锈蚀部位

28. 实验室化学法测定混凝土中游离氯离子含量需配置合成试剂包括(　)。
A. 浓度约为 5%珞酸钾指标剂　B. 浓度约为 0.5%酚酞溶液
C. 稀硫酸溶液　D. 0.02N 氯化钠标准溶液
E. 0.02N 硝酸银溶液

29. 实验室化学法测定混凝土中氯离子总含量需配置合成试剂包括(　)。
A. 10%铁矾溶液　B. 0.02N 硫氰酸钾标准溶液
C. 6N 硝酸溶液　D. 0.02N 氯化钠标准溶液
E. 0.02N 硝酸银溶液

30. 影响混凝土中钢筋锈蚀影响因素包括(　)。
A. 碳化深度　B. 混凝土含水率
C. 混凝土电阻率　D. 氯离子含量
E. 环境温度

31. 混凝土电阻率测量基本要求包括(　)。
A. 混凝土表面洁净　B. 混凝土表面与电极充分耦合
C. 测试探头垂直混凝土表面　D. 合适的探头间距
E. 混凝土表面自然状态

32. 混凝土内部钢筋分布检测范围包括(　)。
A. 主要承重构件　B. 承重构件主要受力部位
C. 钢筋可能锈蚀活化部位　D. 结构验算薄弱部位
E. 联结构件

33. 影响钢筋分布测量精度的因素(　)。
A. 外加磁场　B. 混凝土本身磁性
C. 钢筋品种　D. 钢筋间距
E. 保护层厚度

34. 在用桥梁缺损状况评价内容包括(　)。
A. 基础　B. 下部结构　C. 上部结构　D. 桥面系
E. 附属设施

35. 在用桥梁几何形态参数包括(　)。
A. 桥跨纵向线形　B. 墩台顶变位
C. 拱轴线　D. 索塔顶水平变位
E. 主缆线形

36. 在用桥梁混凝土构件强度检测应布设在以下哪些部位(　)。
A. 主要受力部位　B. 主要构件　C. 损伤严重部位　D. 横向联接部位
E. 材质较差部位

37. 在用桥梁混凝土构件强度检测应布设在以下哪些部位(　)。

A. 主要受力部位　B. 主要构件　C. 损伤严重部位　D. 横向联接部位
E. 材质较差部位

38. 在用桥梁混凝土强度检测可采用以下哪些方法(　)。
A. 取芯法　B. 地质雷达法　C. 回弹法　D. 超声波法
E. 超声回弹综合法

39. 在用桥梁钢筋锈蚀电位评定标度为(　)的主要构件或主要受力部位,应测试混凝土中氯离子含量。
A. 1　B. 2　C. 3　D. 4　E. 5

40. 在用桥梁钢筋锈蚀电位评定标度为(　)的主要构件或主要受力部位,应测试混凝土碳化深度。
A. 1　B. 2　C. 3　D. 4　E. 5

41. 在用桥梁缺失相关资料,钢筋混凝土保护层厚度检测内容包括(　)。
A. 钢筋规格　B. 钢筋位置　C. 保护层厚度　D. 钢筋直径
E. 钢筋数量

42. 在用桥梁混凝土保护层厚度检测部位包括(　)。
A. 主要构件　B. 主要受力部位
C. 钢筋可能锈蚀部位　D. 钢筋锈蚀胀裂部位
E. 混凝土碳化测区部位

43. 公路桥梁技术状况评定项目包括(　)。
A. 桥梁构件与部件　B 桥面系　C. 上部结构　D. 下部结构
E. 全桥

44. 公路桥梁技术状况评定部件分为(　)。
A. 主要部件　B. 次要部件　C. 上部结构　D. 下部结构
E. 全桥

45. 梁式桥主要部件包括(　)。
A. 上部承重构件　B. 桥墩　C. 桥台　D. 基础
E. 支座

46. 板拱桥主要部件包括(　)。
A. 主拱圈　B. 拱上结构　C. 桥墩　D. 桥台
E. 基础

47. 板式橡胶支座评定指标包括(　)。
A. 老化变质、开裂　B. 缺陷
C. 脱空　D. 转角　E. 组件损坏

48. 沥青混凝土桥面铺装主要评定指标包括(　)。
A. 变形　B. 泛油　C. 破损　D. 裂缝　E. 坑洞

49. 桥梁伸缩缝主要评定指标包括(　)。
A. 凹凸不平　B. 锚固区缺陷
C. 破损　D. 失效　E. 断裂

四、问答题

1. 简述用水泥砂浆补平混凝土芯样方法。

2. 简述回弹仪测定混凝土强度主要步骤；超声—回弹综合法测定混凝土强度主要步骤。

3. 某桥梁预制厂进行梁体预制，混凝土设计强度为C30。实测某批梁体强度见下表，试评价该批梁体是否满足设计要求？其中$K_1=1.7$，$K_2=0.9$。

30.5	31.6	31.6	32.5	28.6	29.7	30.4	28.6	33.0	32.1	30.5	32.2	30.0

4. 某桥梁预制厂进行梁体预制，混凝土设计强度为C30。实测某批梁体强度见下表，试评价该批梁体是否满足设计要求？其中$K_1=1.7$，$K_2=0.9$

30.5	31.6	31.6	32.5	28.6	29.7	30.4	28.6	33.0

5. 简述滴定条法检测混凝土中氯离子含量基本步骤。

6. 某梁体混凝土构件，保护层设计厚度60mm，利用钢筋分布传感器实测保护层厚度见下表。根据检测结果判定混凝土保护层厚度对结构钢筋耐久性的影响程度。其中合格判定系数$K=1.695$。

单位：mm

58	62	64	59	60	63	64	55
62	64	64	63	62	60	59	58

附表：混凝土保护层厚度对结构钢筋耐久性影响评定标准

评定标度	D_{ne}/D_{nd}	对钢筋影响	评定标度	D_{ne}/D_{nd}	对钢筋影响
1	>0.95	影响不显著	4	0.55～0.70	有较大影响
2	0.85～0.95	有轻度影响	5	<0.55	发生锈蚀
3	0.70～0.85	有影响			

7. 简述混凝土梁式桥上部承重构件主要评定指标包括哪些内容？

8. 简述钢梁桥上部承重构件主要评定指标包括哪些内容？

9. 简述圬工拱桥上部承重构件主要评定指标包括哪些内容？

10. 简述斜拉桥斜拉索主要评定指标包括哪些内容？

11. 简述桥墩主要评定指标包括哪些内容？

12. 简述桥梁基础主要评定指标包括哪些内容？

13. 简述桥梁材质状况与状态参数检测评定主要项目包括哪些？

第七章　桥梁荷载试验与承载力评定

一、单项选择题

1. 桥梁静载试验效率一般情况下不宜小于(　)。

A. 0.5　　B. 0.85　　C. 0.95　　D. 1.05

2. 桥梁动载试验效率一般采用(　)。

A. 0.85　　B. 0.95　　C. 1.0　　D. 1.05

3. 桥梁荷载试验静载加载分级一般分(　)级。

A. 2～3　　B. 3～4　　C. 4～5　　D. 5～6

4. 桥梁荷载试验加载称量误差不得超过(　)。

A. 1%　　B. 2%　　C. 3%　　D. 5%

5. 桥梁荷载试验挠度观测点一般设在(　)。

A. 桥中轴线　　B. 各车道中线　　C. 桥边缘　　D. 各车道线

6. 百分表的分辨率为(　)mm。

A. 1　　B. 0.1　　C. 0.01　　D. 0.001

7. 测混凝土用电阻应变片,标距一般为(　)mm。

A. 5～20　　B. 10～20　　C. 20～40　　D. 40～150

8. 梁桥最大剪应力截面为(　)。

A. 跨中　　B. $L/4$ 截面　　C. 支座附近　　D. 支座上

9. 桥梁荷载试验加载稳定时间要求相对读数差满足(　)。

A. 1%　　B. 2%　　C. 5%　　D. 10%

10. 某简支梁,跨径 $L=20$mm,加载后测得跨中挠度 25mm,支点 A 沉降量 4mm,支点 B 沉降量为 6mm,则跨中实际挠度为(　)mm。

A. 20　　B. 21　　C. 19　　D. 35

11. 某简支梁跨中挠度加载前测值为 10mm,加载后稳定时测值为 40mm,卸载后达到稳定测值为 20mm,则该梁体跨中弹性挠度为(　)mm。

A. 40　　B. 30　　C. 20　　D. 10

12. 某简支梁跨中挠度加载前测值为 10mm,加载后稳定时测值为 40mm,卸载后达到稳定测值为 20mm,残余挠度为(　)mm。

A. 40　　B. 30　　C. 20　　D. 10

13. 某简支梁跨中挠度加载前测值为 10mm,加载后稳定时测值为 40mm,卸载后达到稳定测值为 20mm,总挠度为(　)mm。

A. 40　　B. 30　　C. 20　　D. 10

14. 圬工拱桥一个桥跨范围内正负挠度的最大绝对值之和不小于(　)。

A. 1/600　　B. 1/800　　C. 1/1 000　　D. 1/1 600

15. 某简支梁在动荷载作用下跨中挠度为 32mm，在静荷载作用下跨中挠度为 25mm，则该结构冲击系数 $1+\mu$ 应为（　）。

A. 32/(1+25)　　B. 25/(1+32)　　C. 32/25　　D. 25/32

16. 当负弯矩控制无铰拱设计时，加载检测最大拉应力时，其应变片贴在（　）。

A. 拱顶下缘　　B. 拱顶上缘　　C. 拱脚下缘　　D. 拱脚上缘

17. 在测定简支梁的一阶振型时，激振力应作用在（　）。

A. 1/4 截面　　B. 跨中截面　　C. 3/8 截面　　D. 支点截面

18. 检测简支梁的剪应力时，其应变片应贴在（　）。

A. 跨中下缘　　B. 跨中中性轴处　　C. 支点中性轴处　　D. 支点附近下缘

19. 桥梁静载荷载试验时间最好选择在（　）。

A. 8:00～16:00　　B. 16:00～23:00

C. 22:00～次日 6:00　　D. 10:00～17:00

20. 某桥梁静载试验荷载作用下控制截面内力计算值为 200kN，控制设计内力值为 180kN，冲击力系数 $1+\mu=1.2$，则静载效验系数为（　）。

A. 0.93　　B. 0.96　　C. 1.03　　D. 1.06

21. 桥梁荷载试验挠度观测点横桥向测点设置一般不少于（　）处。

A. 2　　B. 3　　C. 4　　D. 6

22. 桥梁荷载试验荷载在桥上的稳定时间不少于（　）min。

A. 2　　B. 5　　C. 10　　D. 15

23. 桥梁荷载试验在控制荷载工况下相对残余变位一般不大于（　）。

A. 5%　　B. 10%　　C. 15%　　D. 20%

24. 对于一般的桥梁结构，基频取（　）。

A. 第一阶固有频率　　B. 第二阶固有频率

C. 第三阶固有频率　　D. 第五阶固有频率

25. 在试验荷载作用下，主要测点挠度效验系数应大于（　）。

A. 0.90　　B. 0.95　　C. 1.00　　D. 1.05

26. 桥梁动载试验控制荷载为（　）。

A. 人群　　B. 挂车　　C. 履带车　　D. 汽车

27. 当需要在现场长期连续观测结构的应变时，选用（　）比较合适。

A. 机械式应变计　　B. 手持式应变仪　　C. 连同管　　D. 电阻应变仪

28. 在用桥梁承载能力检算的基本方法为（　）。

A. 容许应力法　　B. 极限状态法　　C. 安全系数法　　D. 弹性理论计算法

29. 桥梁承载能力评定期内反映桥梁结构质量状况衰退的指标是（　）。

A. 构件截面损伤折减系数　　B. 钢筋截面损伤折减系数

C. 承载能力恶化系数　　D. 活载影响修正系数

30. 桥梁承载能力评定时，大吨位车辆混入率指车辆质量超过（　）的车辆。

A. 12t　　B. 24t　　C. 30t　　D. 40t

31. 桥梁承载能力评定时，要求作用效应与抗力效应的比值在(　)范围。

A. 0.95～1.05　　B. 1.0～1.1　　C. 1.1～1.2　　D. 1.2～1.5

32. 当桥梁结构承载能力检算系数评定标度为(　)时，应进行正常使用极限状态计算。

A. $D\geqslant2$　　B. $D\geqslant3$　　C. $D\geqslant4$　　D. $D\geqslant5$

33. 在用圬工桥梁承载能力极限状态评定表达式为(　)。

A. $\gamma_0 S\leqslant R(f_d,a_d)$　　B. $\gamma_0 S\leqslant R(f_d,\xi_c a_d)Z_1$

C. $\gamma_0 S\leqslant R(f_d,a_{dc},a_{ds})$　　D. $\gamma_0 S\leqslant R(f_d,\xi_c a_{dc},\xi_s a_{ds})Z_1(1-\xi_e)$

34. 在用配筋混凝土桥梁承载能力极限状态评定表达式为(　)。

A. $\gamma_0 S\leqslant R(f_d,a_d)$　　B. $\gamma_0 S\leqslant R(f_d,\xi_c a_d)Z_1$

C. $\gamma_0 S\leqslant R(f_d,a_{dc},a_{ds})$　　D. $\gamma_0 S\leqslant R(f_d,\xi_c a_{dc},\xi_s a_{ds})Z_1(1-\xi_e)$

35. 在用钢结构荷载作用下变形计算评定表达式为(　)。

A. $\gamma_0 S\leqslant R(f_d,a_d)$　　B. $\gamma_0 S\leqslant R(f_d,\xi_c a_d)Z_1$

C. $\gamma_0 S\leqslant R(f_d,a_{dc},a_{ds})$　　D. $f_{dl}\leqslant Z_1[f]$

36. 在用桥梁拉吊索强度计算评定表达式为(　)。

A. $\gamma_0 S\leqslant R(f_d,a_d)$　　B. $\gamma_0 S\leqslant R(f_d,\xi_c a_d)Z_1$

C. $\gamma_0 S\leqslant R(f_d,a_{dc},a_{ds})$　　D. $\dfrac{T_j}{A}\leqslant Z_1[\sigma]$

37. 经久压实的桥梁地基土，在墩台与基础无异常变位时，其承载能力可提高(　)。

A. 1.05　　B. 1.1　　C. 1.2　　D. 1.25

38. 在用桥梁承载能力检算系数确定时，缺损状况、材质强度和自振频率对应的权重为(　)。

A. 0.4∶0.3∶0.3　　B. 0.3∶0.3∶0.4　　C. 0.3∶0.4∶0.3　　D. 0.2∶0.4∶0.4

39. 在用桥梁承载能力检算系数确定时，大吨位车辆质量超过(　)时应进行修正。

A. 25t　　B. 30t　　C. 40t　　D. 50t

40. 在用桥梁承载能力检算系数确定时，轴荷载分布影响修正系数确定时，按轴重超过(　)所占的百分比确定。

A. 6t　　B. 10t　　C. 12t　　D. 14t

41. 桥梁静力荷载试验效率宜介于0.95～1.05之间，其计算表达式为(　)。

A. $\eta_q=\dfrac{S_s}{S'\cdot(1+\mu)}$　　B. $\eta_q=\dfrac{S_s}{S'}$

C. $\eta_q=\dfrac{S'}{S_S\cdot(1+\mu)}$　　D. $\eta_q=\dfrac{S'}{S_S}$

42. 桥梁静力荷载试验结构校验系数为(　)。

A. 实测变位/理论计算变位　　B. 实测弹性变位/理论计算变位

C. 理论计算变位/实测变位　　D. 理论计算变位/实测弹性变位

43. 桥梁静力荷载试验主要测点相对参与变位为(　)。

A. 实测残余变位/实测总变位　　B. 实测总变位/实测残余变位

C. 实测弹性变位/实测总变位　　D. 实测总变位/实测弹性变位

44. 根据检算系数 Z_2 计算桥梁荷载效应与抗力效应比值小于(　)时，应判定桥梁承载能力满足要求。

A. 1.2　　B. 1.05　　C. 1.0　　D. 0.95

45. 桥梁桥跨结构纵向线形检测应按照(　)工程水准测量要求进行。

A. 一等　　B. 二等　　C. 三等　　D. 四等

46. 桥梁桥跨结构纵向线形检测，对大跨径桥梁单跨测量截面不宜少于(　)。

A. 3　　B. 5　　C. 6　　D. 9

47. 桥梁宽度可沿桥纵向分断面采用钢尺测量，测量断面每跨不宜少于(　)。

A. 1　　B. 2　　C. 3　　D. 4

48. 在用桥梁拉吊索索力采用振动法测量时，其索力应根据不少于前(　)阶特征频率计算索力平均值。

A. 3　　B. 4　　C. 5　　D. 6

49. 在用简支梁桥墩台均匀总沉降容许值为(　)。

A. $0.5\sqrt{L}$　　B. $1.0\sqrt{L}$　　C. $2\sqrt{L}$　　D. $2.5\sqrt{L}$

50. 在用简支梁桥相邻墩台均匀总沉降差容许值为(　)。

A. $0.5\sqrt{L}$　　B. $1.0\sqrt{L}$　　C. $2\sqrt{L}$　　D. $2.5\sqrt{L}$

51. 在用简支梁桥墩台顶面水平位移容许值为(　)。

A. $0.5\sqrt{L}$　　B. $1.0\sqrt{L}$　　C. $2\sqrt{L}$　　D. $2.5\sqrt{L}$

52. 在用桥梁混凝土桥面铺装与梁体结合较好，且缺损评定标度小于(　)时，可扣除 2cm 磨耗层后参与梁体共同受力。

A. 2　　B. 3　　C. 4　　D. 5

二、判断题

1. 桥梁荷载试验孔应选在受力小、施工质量好的位置进行。(　)

2. 桥梁荷载试验用脚手架和测试支架应分开搭设，互不影响。(　)

3. 桥梁动载试验以汽车荷载作为控制荷载。(　)

4. 当桥梁调查、检查工作不充分，尤其是缺乏桥梁计算资料时，静载试验效率应取高限，反之取低限。(　)

5. 桥梁动载试验效率一般取 1。(　)

6. 为减少温度变化时桥梁荷载试验造成影响，加载时间以 22:00～次日 6:00 为宜。(　)

7. 桥梁荷载试验测点一般布置在结构的最大应力和挠度部位。(　)

8. 桥梁荷载试验挠度观测点一般布置在桥轴线位置。(　)

9. 梁桥实际最大剪应力截面应设置在支座上。(　)

10. 金属导线的电阻应变效应，主要是受电阻丝几何尺寸改变的影响。(　)

11. 在一定范围内，应变片的电阻变化率与应变成反比例关系。(　)

12. 选用应变片时应根据应变片的初始参数及试件的受力状态、应变梯度、应变性质、工作条件等综合考虑。(　)

13. 温度补偿片应贴在与构件材料相同并置于试件附近，具有同样温度变化条件和受力条

件。( )

14. 桥梁荷载试验加载应按照设计程序逐级加载、逐级卸载。( )

15. 桥梁荷载试验当仪器测值误差小于1%时,可不予修正。( )

16. 桥梁结构校验系数一般要求大于1。( )

17. 桥梁结构校验系数值越小,说明结构安全储备越小。( )

18. 桥梁结构测点实测弹性变位与现设计算值成正比,其关系曲线接近直线,说明结构处于良好的弹性工作状况。( )

19. 测点在控制荷载作用下的相对残余变位越小,说明结构越接近弹性工作状况。( )

20. 桥梁结构在试验荷载作用下墩台沉降,水平位移及倾角较小,卸载后变位基本回复时,则认为地基与基础能正常工作。( )

21. 桥梁结构的动力特征只与结构本身的固有性质有关,而与荷载等其他条件无关。( )

22. 使用激振器使结构产生连续的周期性强迫振动,在激振器振动频率与结构固有频率一致时,结构出现共振现象。( )

23. 桥梁结构实测挠度大于理论值,说明桥梁结构的实测刚度偏小,可能开裂。( )

24. 电阻应变片可在高温、低温、高压、高速旋转等特殊条件下使用。( )

25. 混凝土构件的测试一般选用标距为100mm左右的应变片,且标距不宜小于2~3倍的最大集料粒径。( )

26. 静载试验时必须达到试验荷载时才可停止试验。( )

27. 重物作为均布荷载加载时,块材一定要分堆堆放,否则将产生不了均布荷载的效果。( )

28. 在进行桥梁静载试验前,一定要对结构进行预加载,以便使仪器与构件接触面或试验结构的节点等部位的接触密实,进入工作状态。( )

29. 对于跨径相同的多孔桥,宜选择施工质量较好的桥孔进行加载试验。( )

30. 评定结构工作状况,确定桥梁承载能力的一个重要指标是校验系数。( )

31. 应变片在电桥中的接法一般有单点测量、半桥和全桥测量。( )

32. 电阻应变片对外界温度变化不敏感。( )

33. 桥梁荷载试验时,应选择温度较稳定时的时段进行。( )

34. 电测法补偿片与工作片位置应接近,使二者处于同一温度场条件下。( )

35. 对某三孔等跨连续拱桥,加载孔一般应选两孔。( )

36. 桥梁静载效率系数与挠度检验系数含义相同。( )

37. 大中桥宜采用触探和取样做土工试验确定地基承载力。( )

38. 桥梁静力荷载试验可按控制内力、应力或应变等效的原则确定。( )

39. 桥梁静力荷载试验应针对检算存在疑问的构件或截面及结构主要控制截面进行。( )

40. 桥梁静力荷载试验应分级进行,对结构变位或应变较大的测点,应绘制最大级荷载关系曲线。( )

41. 桥梁静力荷载试验相对残余变位越大,说明结构越接近弹性工作状态。( )

42. 桥梁静载试验荷载作用下裂缝宽度超过限制,且卸载后裂缝闭合宽度小于原裂缝宽度的2/3时即可评定承载力不满足要求。( )

43. 桥梁静载试验荷载结构校验系数大于1，说明桥梁实际工作状况优于理论状况。（ ）

44. 桥梁静载试验主要测点相对残余变位越大，说明结构有较大不可恢复变位。（ ）

45. 根据检算系数 Z_2 计算桥梁荷载效应与抗力效应比值小于0.95时，应判定桥梁承载能力满足要求。（ ）

46. 桥梁承载能力荷载试验效率指设计荷载效应与试验荷载效应的比值。（ ）

47. 桥梁承载能力荷载试验结构校验系数指试验荷载作用下实测应变或变形与计算值的比值。（ ）

48. 对于多孔桥梁，应根据桥梁技术状况检验评定情况，选择2～3孔进行承载能力检测评定。（ ）

49. 在进行桥梁承载能力检测评定时，有关作用及其组合在无特殊情况要求时，宜采用设计荷载标准。（ ）

50. 桥梁承载能力检测评定所需技术参数，宜依据竣工资料或设计文件按相关标准规范取用。（ ）

51. 对于超静定桥梁结构，可依据实测的几何参数推算桥梁在持久荷载作用下的内力。（ ）

52. 在用桥梁可根据恶化状况评定标度确定承载能力恶化系数。（ ）

53. 桥梁结构自振频率检测，测点应布置在桥梁上下部结构振型峰、谷点，进行单项测量。（ ）

54. 桥梁结构自振频率变化仅能反映结构的整体性能和受力体系的变化。（ ）

55. 在用桥梁拉索索力现场检测时，应利用其前三阶特征频率计算索力的平均值。（ ）

56. 在用预应力混凝土结构实际有效预应力值可采用设计计算值取用。（ ）

57. 桥梁基础变位作用，可根据实测值计算基础变位产生结构的附加内力。（ ）

58. 当缺乏实测资料时，混凝土拱桥由于收缩产生的内力计算可按温度额外升高考虑。（ ）

三、多项选择题

1. 桥梁进行荷载试验可用于（ ）。

A. 检验设计正确性　　B. 检验施工质量

C. 检验旧桥承载力　　D. 检验设计理论

E. 评定荷载等级

2. 桥梁荷载试验，试验孔应选在（ ）处。

A. 受力较小　　B. 施工质量好、缺陷少

C. 受力较大　　D. 施工质量差、缺陷多

E. 便于测设

3. 简支梁工况包括（ ）。

A. 跨中最大正弯矩　　B. $L/4$ 最大正弯矩

C. 支点最大剪力　　D. 支点最大弯矩

E. 桥墩最大竖向反力

4. 连续梁工况包括（　）。

A. 主跨跨中最大正弯矩　　B. 主跨支点负弯矩

C. 主跨桥墩最大反力　　D. 跨支点最大剪力

E. 边跨跨中最大正弯矩

5. 无铰拱工况包括（　）。

A. 跨中最大正弯矩　　B. 拱脚最大负弯矩

C. 拱脚最大推力　　D. 正负挠度绝对值之和最大

E. 拱脚最大剪力

6. 简支梁主要测点应布设在（　）处。

A. 跨中挠度　　B. 支点沉降

C. 支点水平位移　　D. 跨中应变

E. 支点应变

7. 桥梁静载试验需测量（　）。

A. 应力　B. 应变　C. 位移　D. 倾角　E. 裂缝

8. 桥梁荷载试验，试验数据修正包括（　）。

A. 测值修正　　B. 温度修正

C. 支点沉降修正　　D. 加载方式修正

E. 时间修正

9. 桥梁荷载试验进行工作状况评价指标包括（　）。

A. 检验系数　　B. 实测值与理论值关系

C. 相对残余变位　　D. 动载性能

E. 裂缝

10. 桥梁荷载试验评定内容包括（　）。

A. 工作状况　　B. 结构强度和稳定性

C. 地基与基础　　D. 结构刚度

E. 裂缝

11. 桥梁动载试验测定结构的动力特性包括（　）。

A. 自振频率　B. 阻尼　C. 振型　D. 动位移　E. 动应力

12. 电阻应变片优点包括（　）。

A. 灵敏度高　B. 尺寸小　C. 黏结牢固　D. 质量小　E. 适用条件好

13. 应变片在电桥中的接法一般有（　）。

A. 单点测量　B. 半桥测量　C. 全桥测量　D. 应变测量　E. 应力测量

14. 应变仪测量电路有（　）。

A. 桥式电路　　B. 应变电路

C. 电位计式电路　　D. 应力电路

E. 剪力电路

15. 桥梁荷载测点布置应按照以下几点进行（　）。

A. 测点的布置应具有较强的代表性，以便进行测试数据分析
B. 测点的设置一定要有目的性，避免盲目设置测点
C. 测点的布置有利于仪表的安装与观测读数，并对试验操作是安全的
D. 为了保证测试数据的可靠性，尚应布置一定数量的校核性测点
E. 测点应安装在脚手架上以便于观测

16. 在用桥梁活载影响修正系数确定应考虑因素包括（　）。
A. 典型代表交通量　　B. 大吨位车辆混入率
C. 轴荷载分布　　D. 荷载持续时间
E. 荷载作用位置

17. 在用桥梁实施荷载试验的目的包括（　）。
A. 测定结构响应　　B. 确定结构检算系数 Z_1
C. 确定结构检算系数 Z_2　　D. 对承载能力检算结果验证
E. 直接判定桥梁承载能力

18. 简支梁桥荷载试验主要加载测试项目控制截面为（　）。
A. 跨中截面最大正弯矩　　B. 跨中截面最大挠度
C. 支点截面最大剪力　　D. $L/4$ 截面正弯矩和挠度
E. 墩台最大垂直力

19. 连续梁桥桥荷载试验主要加载测试项目控制截面为（　）。
A. 跨中截面最大正弯矩和挠度　　B. 内支点截面最大负弯矩
C. $L/4$ 截面弯矩和挠度　　D. 端支点截面最大剪力
E. 墩台最大垂直力

20. 拱桥荷载试验主要加载测试项目控制截面为（　）。
A. 拱顶截面最大正弯矩和挠度　　B. 拱脚截面最大负弯矩
C. $L/4$ 截面弯矩和挠度　　D. 拱脚最大水平推力
E. 刚拱架上弦杆跨中弯矩

21. 斜拉桥荷载试验主要加载测试项目控制截面为（　）。
A. 主梁最大挠度　　B. 主梁控制截面最大内力
C. 索塔塔顶水平位移　　D. 斜拉索最大拉力
E. 主梁最大纵向漂移

22. 悬索桥桥荷载试验主要加载测试项目控制截面为（　）。
A. 主梁最大挠度　　B. 主梁控制截面最大内力
C. 索塔塔顶水平位移　　D. 主缆最大拉力
E. 主梁最大纵向漂移

23. 桥梁静载试验过程发生下列哪些情况应立刻停止加载并查找原因（　）。
A. 测点应力值超过计算控制应力值　　B. 出现少量新裂缝
C. 裂缝宽度急剧增加　　D. 发生其他影响正常使用的损坏时
E. 拱桥桥跨方向实测挠度曲线与计算结果偏差大

24. 桥梁静载试验出现下列情况之一时，应判定承载能力不满足要求（　）。

A. 主要测点静力荷载试验校验系数大于 1
B. 主要测点相对参与变位超过 15%
C. 主要测点相对参与变位超过 20%
D. 桥梁基础发生不稳定沉降变位
E. 裂缝宽度超过限制，且卸载后闭合宽度小于扩展宽度 2/3

25. 在用桥梁出现下列哪几种情况应进行承载能力检测评定（　）。
A. 技术状况为三、四、五类桥梁
B. 技术状况为四、五类桥梁
C. 需提高荷载等级的桥梁
D. 需通过特殊重型车辆的桥梁
E. 遭受重大自然灾害或意外事件的桥梁

26. 在用桥梁承载能力检测评定包括（　）。
A. 桥梁缺损状况检测评定
B. 桥梁材质状况检测评定
C. 桥梁结构状态检测评定
D. 桥梁承载能力检算
E. 桥梁荷载试验

27. 在用桥梁承载能力分项检算系数由以下哪些内容确定（　）。
A. 桥梁缺损状况　　B. 桥梁材质状况
C. 实际运营荷载　　D. 结构状态参数
E. 竣工资料

28. 在用桥梁承载能力检测评定包括（　）。
A. 桥梁缺损状况检测评定　　B. 桥梁材质状况检测评定
C. 桥梁结构状态检测评定　　D. 桥梁承载能力检算
E. 桥梁荷载试验

29. 在用桥梁恒载变异状况调查包括（　）。
A. 桥梁总体尺寸量测　　B. 桥梁构件尺寸量测
C. 桥面铺装厚度量测　　D. 其他附加荷载
E. 结构材料重度

30. 在用桥梁拉吊索索力测量方法包括（　）。
A. 应力法　　B. 振动法
C. 传感器测量　　D. 千斤顶测量
E. 拉力计测量

31. 在用桥梁基础变位检测评定内容包括（　）。
A. 基础沉降、水平变位和转角
B. 相邻基础沉降差
C. 基础不均匀沉降
D. 基础滑移、倾斜

E. 基础冻拔

32 在用桥梁结构检算应针对以下哪些？包括（　）。

A. 主要控制截面　　B. 薄弱截面

C. 严重缺损部位　　D. 横向联接系

E. 支座

33. 在用钢板梁结构检算主要内容包括（　）。

A. 弯矩　　B. 剪力

C. 稳定性　　D. 桥梁系

E. 支座

34. 在用钢桁梁结构检算主要内容包括（　）。

A. 杆件截面强度　　B. 杆件截面稳定性

C. 接头强度　　D. 构件疲劳强度

E. 联接系强度

35. 在用钢箱梁结构检算主要内容包括（　）。

A. 正交异性板　　B. 翼缘板

C. 腹板　　D. 横隔板

E. 节点

36. 在用混凝土桥梁结构检算主要内容包括（　）。

A. 跨中正弯矩　　B. 支点附近最不利剪力

C. $L/4$ 处弯剪组合　　D. 连续梁墩顶负弯矩

E. 支座强度

37. 在用拱桥结构检算主要内容包括（　）。

A. 主拱圈最大轴力　　B. 主拱圈最大弯矩

C. 主拱圈稳定性　　D. 立柱抗剪

E. 桥面系局部强度

38. 在用桥梁存在环形裂缝的墩台，主要检算内容包括（　）。

A. 截面强度　　B. 总体稳定性

C. 抗倾覆稳定性　　D. 抗滑移稳定性

E. 抗侵蚀性

39. 在用桥梁承载能力检测评定内容包括（　）。

A. 强度　　B. 刚度

C. 抗裂性　　D. 稳定性

E. 适应性

40. 在用桥梁承载能力极限状态针对以下哪几项指标进行评定（　）。

A. 强度　　B. 刚度

C. 抗裂性　　D. 稳定性

E. 适应性

41. 在用桥梁正常使用极限状态针对以下哪几项指标进行评定（　）。

A. 强度

B. 刚度

C. 抗裂性

D. 稳定性

E. 适应性

42. 通过外观检测对在用圬工桥梁进行承载能力极限状态验算时，引入的参数包括（　）。

A. 检算系数 Z_1

B. 检算系数 Z_2

C. 截面折减系数

D. 钢筋面积折减系数

E. 活载变异修正系数

43. 通过荷载试验对在用圬工桥梁进行承载能力极限状态验算时，引入的参数包括（　）。

A. 检算系数 Z_1

B. 检算系数 Z_2

C. 截面折减系数

D. 钢筋面积折减系数

E. 活载变异修正系数

44. 通过外观检测对在用配筋混凝土桥梁进行承载能力极限状态验算时，引入的参数包括（　）。

A. 检算系数 Z_1

B. 检算系数 Z_2

C. 截面折减系数

D. 钢筋面积折减系数

E. 活载变异修正系数

45. 通过荷载试验对配筋混凝土桥梁进行承载能力极限状态验算时，引入的参数包括（　）。

A. 检算系数 Z_1

B. 检算系数 Z_2

C. 截面折减系数

D. 钢筋面积折减系数

E. 活载变异修正系数

46. 在用配筋混凝土桥梁正常使用极限状态评定内容包括（　）。

A. 限制应力

B. 限制变形

C. 截面折减系数限制裂缝

D. 限制强度

E. 限制刚度

47. 在用桥梁承载能力检算系数 Z_1 由以下哪几项指标确定（　）。

A. 缺损状况

B. 材质强度

C. 自振频率

D. 耐久性

E. 荷载状况

48. 在用桥梁承载能力检算系数 Z_2 由以下哪几项指标确定（　）。

A. 缺损状况

B. 材质强度

C. 自振频率

D. 耐久性

E. 荷载校验系数

49. 在用圬工桥梁构件截面折减系数由以下哪几项指标确定（　）。

A. 材料风化

B. 材料碳化

C. 物理与化学损伤

D. 材料强度

E. 环境条件

50. 在用配筋混凝土桥梁构件截面折减系数由以下哪几项指标确定（　）。

A. 材料风化　　　　B. 材料碳化

C. 物理与化学损伤　　　　D. 材料强度

E. 环境条件

51. 在用桥梁承载能力评价时，活载变异修正影响系数取决于(　)。

A. 典型代表交通量　　　　B. 大吨位车辆混入率

C. 轴荷载分布情况　　　　D. 荷载作用时间

E. 荷载种类

四、问答题

1. 简述简支梁荷载工况及主要测点布设位置。

2. 绘制三孔连续梁，说明荷载试验工况及主要测点布测位置。

3. 绘制一无铰拱，说明荷载试验工况及主要测点布测位置。

4. 简述百分表安装方法及使用注意事项。

5. 说明用位移计测结构应变的原理及使用注意事项。

6. 简述电阻应变片选用的原则，并说明粘贴的主要技术指标。

7. 什么是电阻应变测量的温度效应？如何进行温度补偿？对误差补偿片有何要求？

8. 简述桥梁荷载试验评定得出的主要内容。

9. 简述桥梁结构动力性能分析评价内容。

10. 某后张法预应力混凝土简支 T 梁，标准跨径 25m，计算跨径 24.5m，设计跨中弯矩 $M=3\ 500\text{kN}\cdot\text{m}$。为检验梁体施工质量、承载能力和使用性能，对该预制构件进行静载试验。静载试验采用砂袋均布加载，加载沿梁宽和长度范围均匀布置，荷载集度为 10.5kN/m。最大试验荷载下实测跨中挠度 22.5mm，残余挠度 2.65mm。

问题(1)该静载试验荷载效验系数能否满足试验要求？

(2)结构刚度能否满足使用要求？

11. 写出配筋混凝土桥梁通过检算确定承载能力极限状态检算表达式，并说明各符号意义。

12. 写出配筋混凝土桥梁通过荷载试验确定承载能力极限状态检算表达式，并说明各符号意义。

13. 简述桥梁荷载试验时出现哪些不利情况时应立即停止加载？

14. 简述桥梁荷载试验出现哪些情况时，应判定桥梁承载能力不满足要求？

第二部分　练习题答案

第一章

一、单项选择题

1. A　2. B　3. C　4. D　5. A　6. A　7. B　8. C　9. A　10. B

二、判断题

1. ✓　2. ✓　3. ✓　4. ×　5. ×　6. ×　7. ×　8. ×　9. ×　10. ×

三、多项选择题

1. ABC　2. BCD　3. AB　4. ACDE
5. ABCDE　6. CDE　7. BCDE　8. ABCDE
9. ABC　10. ABCDE　11. AE　12. BD
13. AC　14. AD　15. AE　16. ABD
17. ACD　18. ABD

四、问答题

1. 分项工程质量等级评定时，桥梁分项工程质量等级评定，质量保证资料包括 6 方面：

(1)所用原材料、半成品和成品质量检验结果；
(2)材料配比、拌和加工控制检验和试验数据；
(3)地基处理、隐蔽工程施工记录和大桥施工监控资料；
(4)各项质量控制指标的试验记录和质量检验汇总图表；
(5)施工过程中遇到的非正常情况记录及其对工程质量影响分析；
(6)施工过程中如发生质量事故，经处理补救后，达到设计要求的认可证明文件等。

2. 答：分部工程评分值＝∑[分项工程评分值×相应权值]/∑分项工程权值

$$=[95\times1+98\times2+94\times2+85\times1]/6=94$$

此题所属各分项工程全部合格，故此桥梁上部结构质量等级为合格。

第二章

一、单项选择题

1. C　2. D　3. D　4. D　5. D　6. B　7. C　8. D　9. B　10. B
11. C　12. B　13. D　14. B　15. A　16. B　17. C　18. A　19. B　20. A
21. C　22. A　23. B　24. B　25. B　26. B　27. B　28. D　29. D　30. A
31. C　32. C　33. B　34. A　35. B　36. B　37. A　38. B　39. C

二、判断题

1. ×　2. ×　3. √　4. √　5. √　6. ×　7. √　8. √　9. √　10. ×
11. √　12. √　13. ×　14. √　15. √　16. ×　17. ×　18. √　19. √　20. ×
21. √　22. ×　23. √　24. ×　25. √　26. ×　27. √　28. √　29. ×　30. √
31. ×　32. ×　33. √　34. ×　35. ×　36. √　37. ×　38. √　39. √　40. ×
41. √　42. ×　43. ×　44. ×　45. ×

三、多项选择题

1. ABCE　2. BDE　3. CD　4. ABCD　5. ABC　6. ABCD
7. ABCE　8. ABCD　9. ABCD　10. BCDE　11. ABCDE　12. ABCD
13. ABCD　14. ABCDE　15. ABCDE　16. ABCD　17. AC　18. ABCDE
19. AD　20. ADE　21. ACE　22. ABC　23. ABE

四、问答题

1. 在桥梁检测中对测量仪表有哪些基本要求？

答：(1)测量仪表不影响桥梁结构工作性能和受力情况；(2)仪表性能满足检测的具体要求；(3)使用方便、工作可靠和经济耐用。

2. 采用位移计量测挠度和应变时应注意哪些事项？

答：(1)作为固定位移计的不动支架，必须有足够的刚度，还要考虑温度变形的影响。当测杆过长时造成柔性增大，在压力作用下产生变形影响量测精度。(2)位移计测杆与所量测的位移方向应完全一致。(3)位移计使用前、后要认真检查测杆上、下活动是否灵活。(4)在量测过程中经常注意即将产生的位移是否超过仪表量程，以免造成测杆与测点脱离接触或测杆被顶死。

3. 简述百分表(千分表)安装方法及使用注意事项。

答：安装方法：百分表安装在表座上，表架安装在临时专门搭设的支架上，支架应具有一定刚度，并与被测结构物分开。将测杆触头抵在测点上，借助弹簧使其接触紧密。

注意事项：(1)使用时，只能拿取外壳，不得任意推动测杆，避免磨损机件，影响放大倍数。

注意保护触头，触头上不得有伤痕。(2)安装时，要使测杆与欲测位移的方向一致，或使被测物体表面保持垂直，并注意位移的正反方向和大小，以便调节测杆，使百分表有适宜的测量范围。(3)百分表架要安设稳妥，表架上各个螺丝要拧紧，但当颈夹住百分表的轴颈时，不可夹的过紧，否则会影响测杆移动。(4)百分表安装好，可用铅笔头在表盘上轻轻敲击，看指针摆动情况。若指针不动或绕某一固定值在小范围内左右摆动，说明安装正常。(5)百分表使用日久或经过拆洗修理后，必须进行标定，标定可在专门的百分表或千分表校正仪上进行。千分表与百分表使用方法完全相同。

4. 绘图说明简支梁梁端转角量测方法。

图示，结构变形后，测定 A、B 两点的位移为 Δ_1、Δ_2，则截面的转角为 $\tan\alpha=\frac{\Delta_1-\Delta_2}{L}$。

5. 如何消除温度变化对引伸仪量测精度的影响？

答：方法一：在制作测点的同时制作一小试块，检测时放在结构附近，不受力，作为温度补偿块，检测结构应变时同时测定其变化，该变化值作为温度修正值。

方法二：利用结构材料的线膨胀系数计算相应的应变值作为温度修正值。

6. 简述电阻应变片选用的原则，并说明贴结的主要技术指标。

答：原则：选用应变片时应根据应变片的初始参数及试件的受力状态、应变梯度、应变性质、工作条件、测试精度要求等综合考虑。对于一般的结果试验，采用 120Ω 纸基金属丝应变片就可满足试验要求。其标距可结合试件的材料来选定，如钢材常用 5～20mm，混凝土则用 40～150mm，石材用 20～40mm。对于有特殊要求的，可选择特种应变片，如低温应变片、高温应变片、疲劳受名片、裂纹探测片、应变片以及高压、核辐射、强磁场等条件下使用的应变片。

第 三 章

一、单项选择题

1. D	2. B	3. B	4. D	5. B	6. C	7. B	8. B	9. C	10. C
11. A	12. D	13. C	14. B	15. B	16. C	17. B	18. C	19. B	20. C
21. A	22. B	23. D	24. A	25. C	26. C	27. B	28. B	29. C	30. B
31. C	32. B	33. B	34. A	35. A	36. C	37. B	38. B	39. A	40. B
41. C	42. D	43. A	44. A	45. C	46. B	47. D	48. C	49. C	50. A
51. D	52. D	53. D	54. D	55. B	56. C	57. D	58. D	59. A	60. C
61. A	62. C	63. A	64. B	65. B	66. C	67. C	68. B	69. A	70. A
71. D	72. D	73. A	74. B	75. B	76. A	77. C	78. C	79. B	80. B
81. A	82. A	83. C	84. C	85. B	86. D	87. D	88. A	89. B	90. B
91. D	92. A	93. B	94. B	95. A	96. B	97. A	98. B	99. A	100. C
101. D	102. D	103. C	104. B	105. B	106. C	107. B	108. C	109. C	110. C
111. B	112. D	113. C	114. C	115. C	116. C	117. B	118. D	119. C	120. B
121. C	122. B	123. B	124. B	125. C	126. A	127. A	128. B	129. C	130. B

131. B　132. D　133. A

二、判断题

1. ×	2. ×	3. √	4. ×	5. √	6. ×	7. √	8. ×	9. √	10. √
11. √	12. ×	13. ×	14. √	15. √	16. ×	17. ×	18. ×	19. ×	20. √
21. ×	22. ×	23. √	24. ×	25. ×	26. ×	27. √	28. √	29. √	30. ×
31. √	32. ×	33. √	34. √	35. √	36. ×	37. ×	38. ×	39. ×	40. ×
41. √	42. √	43. √	44. √	45. √	46. ×	47. √	48. ×	49. ×	50. √
51. √	52. ×	53. ×	54. ×	55. √	56. ×	57. ×	58. ×	59. √	60. √
61. √	62. √	63. √	64. √	65. ×	66. ×	67. √	68. √	69. ×	70. √
71. ×	72. ×	73. √	74. ×	75. √	76. ×	77. √	78. ×	79. √	80. ×
81. √	82. ×	83. √	84. √	85. √	86. ×	87. √	88. ×	89. ×	90. ×
91. ×	92. √	93. ×	94. ×	95. √	96. ×	97. √	98. √	99. ×	100. ×
101. ×	102. ×	103. ×							

三、多项选择题

1. ABCDE	2. AB	3. CDE	4. ABCDE	5. ABCDE
6. BCDE	7. ABCD	8. ABCDE	9. ABCE	10. BCE
11. ABCD	12. AB	13. BCDE	14. ABCDE	15. ABCD
16. BCD	17. ABCD	18. ADF	19. ABCDE	20. CD
21. ABCD	22. ABCDE	23. ABC	24. ABD	25. ABC
26. BCDE	27. ABCDE	28. ABCE	29. ABCE	30. ABCDE
31. ABC	32. ABD	33. CDE	34. CDE	35. ABCDE
36. ABCDE				

四、问答题

1. 石料单轴压缩变形试验的目的：

石料的单轴压缩变形试验用于测定岩石试件在单轴压缩应力条件下的轴向及径向应变值，推算出岩石的弹性模量和泊松比。

电阻应变仪实验步骤：

(1)先测定其中 3 个试件的单轴抗压强度。

(2)选择电阻应变片；贴电阻应变片；焊接导线；按所用的电阻应变仪的使用说明书进行操作，接电源并检查电压，调整灵敏系数，将试件测量导线接好，放在压力试验机球座上；接温度补偿电阻应变片，贴温度补偿应变片的试件应是试验试件的同组试件，并放在试验试件的附近；粘贴温度补偿应变片的操作程序要求尽量与工作应变片相同。

(3)将试件反复预压 2～3 次，加荷压力约为岩石极限强度的 15%。

(4)按规定的加载方式和荷载分级,加荷速度应为 0.5~1.0MPa/s,逐级测读荷载与应变值,直至试件破坏。读数不应少于 10 组测值。

(5)记录加载过程及破坏时出现的现象,对破坏后的试件进行描述。

(6)结果计算并评价。

2.混凝土试件制作的基本规定:

(1)成型前,应检查试模尺寸,尤其是对高强混凝土,应格外重视检查试模的尺寸是否符合试模标准的要求。特别应检查 150mm×150mm×150mm 试模的内表面平整度和相邻面夹角是否符合要求。试模内表面应涂一薄层矿物油或其他不与混凝土发生反应的脱模器。

(2)普通混凝土力学性能试验每组试件所用的拌和物应从同一盘混凝土或同一车混凝土中取样。在试验室拌制混凝土时,其材料用量应以质量计,称量的精度:水泥、掺合料、水和外加剂为±0.5%;集料为±1%。

(3)取样或试验室拌制的混凝土应在拌制后尽量短的时间内成型,一般不宜超过 15min。

(4)根据混凝土拌和物的稠度确定混凝土成型的办法,坍落度不大于 70mm 的混凝土宜用振动振实;大于 70mm 的宜用捣棒人工捣实;检验现浇混凝土或预制构件的混凝土,试件成型方法宜与实际采用的方法相同。

3.采用人工插捣制作混凝土试件的基本步骤:

(1)混凝土拌和物应分两层装入模内,每层的装料厚度大致相等。

(2)插捣应按螺旋方向从边缘向中心均匀进行。在插捣底层混凝土时,捣棒应达到试模底部;插捣应贯穿上层后插入下层 20~30mm;插捣时捣棒应保持垂直,不得倾斜,然后应用抹刀沿试模内壁插拔数次。

(3)每层插捣次数按在 10 000mm^2 截面积不少于 12 次。

(4)插捣后应用橡皮锤轻轻敲击试模四周,直至插捣棒留下的空洞消失为止。

(5)刮除试模上口多余的混凝土,待混凝土临近初凝时,用抹刀抹平。

4.采用振动台制作混凝土试件的基本步骤:

(1)将混凝土拌和物一次性装入试模,装料时应用抹刀沿各试模壁插捣,并使混凝土拌和物高出试模口。

(2)试模应附着或固定在振动台上,振动时试模不得有任何跳动,振动应持续到表面出浆为止,不得过振。

(3)刮除试模上口多余的混凝土,待混凝土临近初凝时,用抹刀抹平。

5.混凝土抗压试验基本步骤和操作要点:

(1)检查所采用的压力机是否符合要求,并选择合适的量程。

(2)试件从养护地点取出后立即进行试验。先将试件表面与上下承压板面擦干净,然后将试件安放在试验机的下压板或垫板上,试件的承压面应与成型时的顶面垂直。试件的中心应与试验机下压板中心对准,开动试验机,当上压板与试件或钢垫板接近时,调整球座,使其接触均衡。

(3)在试验过程中应连续均匀地加荷,混凝土强度等级小于 C30 时,加荷速度取每秒钟 0.3~0.5MPa;混凝土强度等级不小于 C30 且小于 C60 时,取 0.5~0.8MPa/s;混凝土强度等级小于 C60 时,取 0.8~1.0MPa/s。

(4)当试件接近破坏开始急剧变形时，应停止调整试验机荷载，直至破坏。然后记录破坏荷载 F。

(5)结果计算并评价。

6. 混凝土静力受压弹性模量试验加载基本程序：

开动试验机，当上压板与试件或钢垫板接近时，调整球座，使接触均衡。加荷至基准应力为 0.5MPa 时的初始荷载值 F_0，保持恒载 60s 并在以后的 30s 内记录每测点的变形读数 ε_0。然后立即连续均匀地加荷至应力为轴心抗压强度 f_{cp} 的 1/3 荷载值 F_a，保持恒载 60s 并在以后的 30s 内记录每一测点的变形读数 ε_a。

7. 钢筋拉伸试验主要步骤和操作要点：

(1)在试件上画标距，估算最大试验拉力。

(2)调试试验机，选择合适量程。破坏荷载：取试验机量程 20%～80%；精度±1%。

(3)测量屈服强度和抗拉强度。屈服点荷载：指针停止转动后恒定负载或第一次回转的最小负荷；抗拉强度：钢筋拉断时由测力盘或拉伸曲线上读出的最大负荷。

(4)测量伸长率。

8. 混凝土抗压强度试验所需试验设备及具体要求：

(1)试模。各种试模必须满足技术要求规定，且由试模的使用频率来决定检查时间，至少每 3 个月应检查 1 次。

(2)振动台。振动台的主要技术指标应符合要求，必须由法定计量部门定期进行检测，周期为 1 年，有计量检定证书。

(3)压力试验机。压力试验机的测量精度为±1%，试件破坏荷载必须大于压力机全量程的 20%且不小于压力机全量程的 80%。为了便于操作人员控制加荷速度，试验机应具有加荷速度显示装置或加荷速度控制装置。压力试验机应定期进行标定，并具有计量检定证书，鉴定周期一般为 1 年。

(4)钢垫板。钢垫板的平面尺寸应不小于试件的承压面积，厚度应不小于 25mm。钢垫板应机械加工，承压板的平面度公差为 0.04mm，表面硬度不小于 55HRC，硬化层厚度约为 5mm。

(5)其他量具及器具。量程大于 600mm、分度值为 1mm 的钢板尺；量程大于 200mm、分度值为 0.02mm 的卡尺；直径 16mm、长 600mm、端部成半球形的捣棒。

9. 后张法预应力混凝土构件孔道压浆性能指标包括：

凝结时间、流动度、泌水率、压力泌水率、自由膨胀率、抗压强度、抗折强度。

10. 钻孔灌注桩钻孔泥浆指标包括：

相对密度、黏度、含砂率、胶体率、失水率、泥皮厚、静切力、酸碱度。

第 四 章

一、单项选择题

1. A　2. A　3. B　4. B　5. A　6. C　7. C　8. B　9. C　10. C

11. B　12. D　13. D　14. B　15. B　16. B　17. A　18. B　19. A　20. B

21. A　22. A　23. A　24. C　25. D　26. D　27. B　28. C　29. B　30. B
31. C　32. A　33. C　34. C　35. B　36. B　37. B　38. B　39. A　40. C
41. C　42. D　43. C　44. A　45. D　46. D　47. C　48. C　49. B　50. A
51. B　52. B　53. A　54. D　55. A

二、判断题

1. ×　2. ×　3. ✓　4. ×　5. ✓　6. ×　7. ✓　8. ✓　9. ×　10. ×
11. ✓　12. ✓　13. ✓　14. ×　15. ✓　16. ×　17. ×　18. ✓　19. ✓　20. ×
21. ✓　22. ✓　23. ✓　24. ×　25. ✓　26. ✓　27. ×　28. ×　29. ×　30. ✓
31. ✓　32. ×　33. ×　34. ✓　35. ✓　36. ✓　37. ×

三、多项选择题

1. ABCD　2. CDE　3. ABCD　4. ABCE　5. ABCD
6. CDE　7. CDE　8. ABCE　9. AB　10. CDE
11. ABC　12. BC　13. BD　14. BCD　15. ABCDE

四、问答题

1. 简述板式橡胶支座抗压弹性试验步骤

答：(1)安放支座，对准中心，缓缓加载至压应力为 1.0MPa 且稳压后，核对承载板四角对称安置的四只位移传感器，确认无误后，开始预压。(2)预压。将压应力 0.03～0.04MPa/s 速率连续的增至平均压应力 10MPa，持荷 2min，然后以连续均匀的速度将压应力卸至 1.0MPa，持荷 5min，记录初始值，绘制应力-应变图，预压三次。(3)正式加载。每一加载循环自 1.0MPa 开始，将压应力以 0.03～0.04MPa/s 速率均匀加载至 4MPa，持荷 2min 后，采集支座变形值，然后以同样的速率每 2MPa 为一级逐级加载，每级持荷 2min 后，采集支座变形数据直至平均压应力 δ 为止，绘制的应力-应变图应承线性关系。然后以连续均匀的速度卸载至压应力为 1.0MPa。10min 后进行下一加载循环。加载过程应连续进行三次。(4)以承载板四角所测得变化值的平均值，作为各级荷载下试样的累计竖向压缩变形 Δ_e，按试样橡胶层的总厚度 t_e，求出在各级试验荷载作用下，试样的累计压缩应变 $\varepsilon_i=\Delta_{ei}/t_e$。(5)结果计算并评定。

2. 简述板式橡胶支座极限抗压强度试验步骤并说明评定标准？

答：(1)将试样放置在试验机的承载板上，上下承载板与支座接触面不得有油污，对准中心位置，精度应小于 1% 的试件短边尺寸。(2)以 0.1MPa/s 的速率连续地加载至试样极限抗压强度 R_u 不小于 70MPa 为止，绘制应力-时间图，并随时观察试样受力状态及变形情况，试样是否完好无损。

评定标准：支座在不小于 70MPa 压应力下，橡胶层未被挤坏，中间层钢板为断裂，四氟板与橡胶未发生剥离，则试样抗压强度满足要求。

3. 绘制板式橡胶支座抗剪试验加载模型，并说明主要步骤。

答：(1)在试验机的承载板上，应使支座顺其短边方向受剪，将试样及中间钢拉板按双剪组合配置好，使试样和中间的钢拉板的对称轴和试验机承载板中心轴处在同一垂直面上，精度应小于1%的试件短边尺寸。为防止出现打滑现象，应在上下承载板和中间钢拉板上粘贴高摩擦板，以确保试验的准确性。(2)将压应力以0.03～0.04MPa/s的速率连续地增至平均压应力，绘制应力－时间图，并在整个抗剪试验过程中保持不变。(3)调整试验机的剪机试验机构，使水平油缸、负荷传感器的轴线和中间钢拉板的对称轴重合。(4)预加水平力。以0.02～0.03MPa/s的速率连续施加水平剪应力至剪应力1.0MPa，持荷5min，然后以连续均匀的速度卸载至剪应力0.1MPa，持荷5min，记录始值，绘制应力应变图。预载三次。(5)正式加载。每一加载循环自1.0开始，每级剪应力增加0.1MPa，持荷1min，采集支座变形数据，至1.0为止，绘制的应力-应变图应成线性关系。然后以连续均匀的速度卸载至剪应力为0.1MPa。10min后进行下一循环试验。加载过程应连续进行三次。(6)将各级水平荷载作用下位移传感器所测得的试样累计水平剪切变形Δ_s，按试样橡胶层的总厚度t_e求出在各级试验荷载作用下，试样的累计剪切变形$r_i=\Delta_s/t_e$。

4. 简述锚具静载锚固性能试验加载步骤及测量项目有哪些。

答：对于先安装锚具、夹具或连接器张拉预应力筋的预应力体系，可直接用试验机或试验台座加载。加载之前必须先将各根预应力钢材的初应力调匀，初应力可取钢材抗拉强度标准值f_{ptk}的5%～10%。正确的加载步骤为：按预应力钢材抗拉强度标准值的20%、40%、60%、80%分四级等速加载，加载速度为100MPa/min，达到80%以后，持荷1h，再逐步加载至破坏。

试验过程要测量的项目

(1)有代表性的若干根预应力钢材与锚具、夹具或连接器之间在预应力筋达到$0.8f_{ptk}$时的相对位移Δ_a；(2)锚具、夹具或连接器若干有代表性的零件之间在预应力筋应力达到$0.8f_{ptk}$时的相对位移Δ_b；(3)试件的实测极限拉力F_{apu}，得静载锚固效率系数。

5. 简述如何用长柱压力机标定千斤顶。

答：(1)千斤顶就位当校核穿心式千斤顶时，将千斤顶放在试验机台面上，千斤顶活塞面或撑套与试验机紧密接触，并使千斤顶与试验机的受力中心线重合。当校核拉杆式千斤顶时，先把千斤顶的活塞杆推出，取下封尾板，在缸体内放入一根厚壁无缝钢管，然后将千斤顶两脚向下立于试验机的中心线部位。放好后，调整试验机，使钢管的上端与试验机的上下压板接紧，并对准缸体中心线。

(2)校核千斤顶开动油泵，千斤顶进油，使活塞杆上升，顶试验机上压板。在千斤顶试验机且使荷载平缓增加的过程中，自零位至最大吨位，将试验机被动标定的结果逐点标记到千斤顶的油压表上。标定点应均匀的分布在整个测量范围内，且不少于五点。当采用最小二乘法回归分析千斤顶的标定经验公式时需10～20点。各标定点重复标定3次，取平均值，并且只测读进程，不得读回程。

(3)根据校验结果绘千斤顶校验曲线供预应力筋钢材张拉时使用，亦可采用最小二乘法求出千斤顶校验的经验公式，供预应力筋张拉使用。

6. 大体积混凝土在选用原材料和进行配合比设计时，为降低水化热，采取的措施：

(1)原材料选用：宜选用低水化热和凝结时间长的水泥品种；粗集料宜采用连续级配，细集料宜采用粗砂。宜掺用可降低混凝土早期水化热的外加剂和掺合料，外加剂宜采用缓凝剂、减水剂；掺合料宜采用粉煤灰、矿渣粉等。(2)配合比设计：在保证混凝土强度、和易性及塌落度的前提下，宜采取改善粗集料级配、提高掺合料和粗集料含量、降低水胶比等措施，减少单方混凝土的水泥用量。

7. 高强混凝土配合比设计时为减小混凝土变形，避免早期开裂，采取的措施：

(1)合理选择混凝土砂率、外加剂和矿物掺合料的品种、掺量；(2)水泥用量不宜大于 $500kg/m^3$，胶凝材料总量不宜大于 $600kg/m^3$；(3)采用 3 个不同配合比进行强度试验时，其中一个为基准配合比，其余两个配合比水胶比较基准配合比分别增加或减少 0.02～0.03，(4)设计配合比确定后，尚应采用该配合比进行不少于 6 次的重复试验验证，其平均值应不低于配置强度。

第五章

一、单项选择题

1. A	2. D	3. B	4. A	5. C	6. C	7. A	8. B	9. C	10. C
11. B	12. D	13. D	14. C	15. C	16. C	17. D	18. B	19. C	20. A
21. C	22. D	23. A	24. A	25. C	26. B	27. B	28. C	29. B	30. A
31. B	32. C	33. B	34. B	35. D	36. D	37. A	38. C	39. C	40. C
41. C	42. C	43. D	44. B	45. C	46. A	47. D	48. A	49. C	50. C
51. C	52. B	53. C	54. C	55. D	56. D	57. D	58. A	59. D	60. D
61. B	62. B	63. A	64. B	65. C	66. D	67. C	68. A	69. D	70. D
71. B									

二、判断题

1. ×	2. ×	3. √	4. √	5. √	6. ×	7. √	8. √	9. ×	10. ×
11. √	12. √	13. √	14. √	15. ×	16. √	17. ×	18. ×	19. √	20. ×
21. ×	22. √	23. √	24. √	25. ×	26. √	27. ×	28. ×	29. ×	30. ×
31. ×	32. √	33. √	34. √	35. √	36. ×	37. √	38. √	39. √	40. ×
41. ×	42. √	43. √	44. √	45. √	46. √	47. √	48. √	49. √	50. √
51. ×	52. ×	53. ×	54. √	55. √	56. √	57. √	58. ×	59. ×	60. ×

三、多项选择题

1. ABCD	2. ABCDE	3. ABC	4. AB	5. ABCDE
6. ABCDE	7. ABCDE	8. ABCD	9. ABC	10. ABCD
11. ABCDE	12. ABC	13. AB	14. ABC	15. ABC
16. ABCD	17. BCD	18. ABC	19. ABCDE	20. ABC

21. ABC　　22. AB　　23. ABCDE　　24. ABCDE　　25. BCD

四、问答题

1. 标准贯入试验确定地基承载力的试验步骤：

(1)用钻机先钻到需要进行标准试验的土层，清孔后，换用标准贯入器，并量得深度尺寸。

(2)将贯入器垂直打入试验土层中，先打入 15cm，不计击数，继续贯入土中 30cm，记录其捶击数，此数即为标准贯入击数 N。

(3)提出贯入器，将贯入器中土样取出，进行鉴别描述、记录，然后换以钻探工具继续钻进，至下一需要进行试验的深度，再重复上述操作。

(4)在不能保证孔壁稳定的钻孔中进行试验时，应下套管以保护管壁，但试验深度必须在套管口 75cm 以下，或采用泥浆护壁。

(5)由于钻杆的弹性压缩会引起能量损耗，钻杆过长时传入贯入器的动能降低，因而减少每击的贯入深度，亦即提高了捶击数，所以需要根据杆长对捶击数进行修正。

(6)对于同一土层应进行多次试验，然后取捶击数的平均值。

2. 反射波法检测桩基完整性的基本原理：

反射波法源于应力波理论，基本原理是在桩顶进行竖向激振，弹性波沿着桩身向下传播，在桩身存在明显波阻抗界面（如桩底、断桩、或严重离析等部位）或桩身截面积变化（如缩径、或扩径）部位，将产生反射波。经接收、放大滤波和数据处理，可识别来自桩身不同部位的反射信息，据此计算桩身完整性。

准备工作：

(1)检测前首先应搜集有关技术资料。

(2)根据现场实际情况选择合适的激振设备、传感器及检测仪，检查测试系统各部分之间是否连接良好，确认整个测试系统处于正常工作状态。

(3)桩顶应凿至新鲜混凝土面，并用打磨机将测点和激振点磨平。

(4)应测量并记录桩顶截面尺寸。

(5)混凝土灌注桩的检测宜在成桩 14d 以后进行。

(6)打入或静压式预制桩的检测应在相邻桩打完后进行。

3. 超声波法检测桩基完整性时，预埋检测管应符合下列规定：

(1)当桩径不大于 1 500mm 时，应埋设 3 根管；当桩径大于 1 500mm 时，应埋设 4 根管。

(2)声测管宜采用金属管，其内径应比换能器外径大 15mm，管的连接宜采用螺纹连接，且不漏水。

(3)声测管应牢固焊接或绑扎在钢筋笼的内侧，且互相平行、定位准确，并埋设至桩底，管口宜高出桩顶面 300mm 以上。

(4)声测管底应封闭，管口应加盖。

(5)声测管的布置以路线前进方向的顶点为起始点，按顺时针旋转方向进行编号和分组，每两根编为一组。

4. 超声波法检测桩基完整性时，现场检测的主要步骤：

(1)将装设有扶正器的接收及发射换能器置于检测管内，调试仪器的有关参数，直至显示出清晰的接收波形，且使最大波幅达到显示屏的 2/3 左右为宜。

(2)检测宜由检测管底部开始，将发射与接收换能器置于同一高程，测取声时、波幅或频率，并进行记录。

(3)发射与接收换能器应同步升降，测量点距小于或等于 250mm，各测点发射与接收换能器累计相对高差不应大于 20mm，并应随时校正；发现读数异常时，应加密测量点距。

(4)一根桩有多根检测管时，按分组进行测试。

5. 超声波法检测桩基完整性时，检测前的准备应符合下列规定：

(1)被检桩的混凝土龄期应大于 14d。

(2)声测管内应灌满清水，且保证畅通。

(3)标定超声波检测仪发射至接收的系统延迟时间 t。

(4)准确量测声测管的内、外径和两相邻声测管外壁间的距离，量测精度为±1mm。

6. 典型荷载板试验 P-S 曲线的特点及确定地基承载力的几种方法：

典型的 P-S 曲线有两个明显拐点(转折点)，第一个拐点称比例极限，第二个拐点称极限荷载。

在确定地基承载力时，对于典型的 P-S 曲线，可取第一个拐点比例极限(沉降量/承载板)作为地基承载力或取第二个拐点(极限荷载/2)作为承载力。

当 P-S 曲线拐点不明显时，可采用沉降—时间曲线(S-t)或 $\log P$-$\log S$ 曲线判断。

7. 桩基静载试验对测量位移装置的要求及测量基准点的要求：

测量仪表必须精确，一般使用 1/20mm 光学仪表或力学仪表，如水平仪、挠度仪、位移计等。支承仪表的基准架应有足够的刚度和稳定性。

基准点本身不变动；没有被接触或造破坏的危险；附近没有振源；不受直射阳光与风雨等干扰；不受试桩下沉影响。

基准梁的一端固定，另一端必须自由支撑；防止基准梁受阳光直射；基准梁附近不设照明及取暖炉；必要时采用隔热材料包裹，以消除温度影响。

8. 某桥梁桩基静载试验实测数据见下表。根据实测数据绘制 P-S 曲线示意图，并确定该桩极限荷载与承载力容许值。

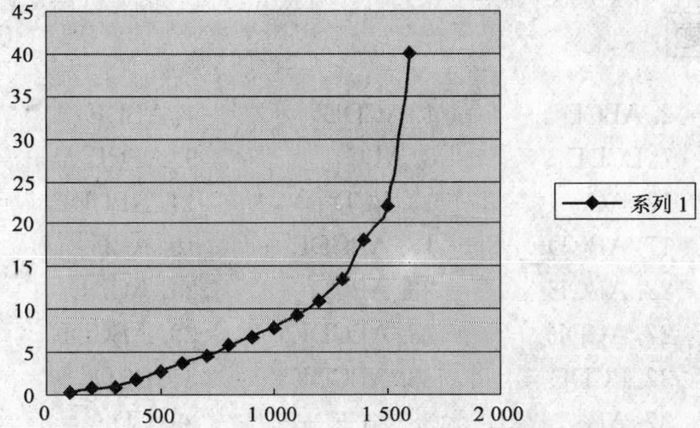

极限荷载：1 500kN，承载力容许值：1 500/2＝750kN

第六章

一、单项选择题

1. B　2. C　3. C　4. A　5. C　6. C　7. D　8. D　9. D　10. D
11. C　12. C　13. C　14. A　15. B　16. C　17. D　18. D　19. C　20. A
21. C　22. D　23. A　24. C　25. B　26. A　27. B　28. C　29. C　30. C
31. B　32. D　33. C　34. D　35. A　36. B　37. A　38. C　39. B　40. C
41. B　42. A　43. C　44. A　45. C　46. A　47. C　48. B　49. B　50. A
51. D　52. C　53. D　54. D　55. C　56. A　57. C　58. D　59. B　60. D
61. D　62. C　63. A　64. D　65. D　66. A　67. A　68. A　69. A　70. B
71. D　72. B　73. B　74. A　75. A　76. B　77. C　78. D　79. B　80. C
81. D　82. D　83. D　84. C　85. D　86. B　87. D　88. A　89. C　90. D
91. D　92. B

二、判断题

1. ✓　2. ✓　3. ✓　4. ✓　5. ×　6. ×　7. ✓　8. ✓　9. ×　10. ×
11. ×　12. ✓　13. ✓　14. ✓　15. ×　16. ×　17. ✓　18. ✓　19. ✓　20. ✓
21. ×　22. ×　23. ✓　24. ×　25. ×　26. ✓　27. ✓　28. ✓　29. ✓　30. ✓
31. ×　32. ✓　33. ✓　34. ✓　35. ✓　36. ×　37. ×　38. ✓　39. ✓　40. ✓
41. ✓　42. ×　43. ✓　44. ×　45. ✓　46. ×　47. ×　48. ×　49. ✓　50. ×
51. ×　52. ✓　53. ×　54. ×　55. ✓　56. ×　57. ✓　58. ✓　59. ✓　60. ×
61. ×　62. ×　63. ×　64. ×　65. ✓　66. ×　67. ×　68. ×　69. ✓　70. ×
71. ×　72. ×　73. ×　74. ×　75. ✓　76. ×　77. ×　78. ✓　79. ×　80. ✓
81. ✓　82. ✓

三、多项选择题

1. BCD　2. ABCD　3. ACDE　4. ABDE　5. ABE
6. ABCE　7. BCDE　8. ABC　9. ABCD　10. ADE
11. BC　12. AC　13. BCD　14. ABCDE　15. CD
16. ABCDE　17. ABCDE　18. ABCDE　19. ABE　20. ABCD
21. ABCDE　22. ABCE　23. ABCD　24. ACDE　25. ADE
26. ABCDE　27. ACDE　28. ABCDE　29. ABCDE　30. ABCD
31. ABCDE　32. BCDE　33. ABCDE　34. BCD　35. ABCDE
36. AB　37. AB　38. ACE　39. CDE　40. CDE

41. BCD 42. ABCDE 43. ABCDE 44. AB 45. ABCDE
46. ABCDE 47. ABC 48. ABCD 49. ABCD

四、问答题

1. 简述用水泥砂浆补平混凝土芯样方法。

答：(1)补平前先将芯样端面污物清除干净，然后将端面用水湿润。(2)将平整度为每长100mm 不超过 0.05mm 的钢板上涂上一薄层矿物油或其他脱模剂，然后倒上适量水泥砂浆摊成薄层，稍许用力将芯样压入水泥砂浆之中，并应保持芯样与钢板垂直。待两小时后，再补另一端面。仔细清除侧面多余水泥砂浆，在室内静放一昼夜后送入养护室内养护。待补平材料强度不低于芯样强度时，方能进行抗压试验。

2. 简述回弹仪测定混凝土强度主要步骤；超声-回弹综合法测定混凝土强度主要步骤。

答：(1)回弹仪测定混凝土强度的主要步骤：a. 收集基本技术资料；b. 选择符合规定的测区；c. 回弹值测量；d. 炭化深度值测量；e. 混凝土强度推算。

(2)超声—回弹法测混凝土强度主要步骤：a. 测前准备，收集资料，被测结构构件准备；b. 检测方法：回弹值的测量与计算；超声声速测量与计算；c. 混凝土强度推算。

3. 某桥梁预制厂进行梁体预制，混凝土设计强度为 C30。实测某批梁体强度见下表，试评价该批梁体是否满足设计要求？其中 $K_1=1.7$，$K_2=0.9$。

30.5	31.6	31.6	32.5	28.6	29.7	30.4	28.6	33.0	32.1	30.5	32.2	30.0

答：平均强度 $\overline{R}=\frac{\sum R_i}{13}=30.87$

均方差 $S_n=\sqrt{\frac{\sum R_i^2-n\overline{R_i^2}}{n-1}}=1.423$

$\overline{R_n}-K_1S_n=30.87-1.7\times1.423=28.5$

满足设计要求

$R_{min}=28.6\geqslant K_2R=0.9\times30=27.0$

4. 某桥梁预制厂进行梁体预制，混凝土设计强度为 C30。实测某批梁体强度见下表，试评价该批梁体是否满足设计要求？其中 $K_1=1.7$，$K_2=0.9$

30.5	31.6	31.6	32.5	28.6	29.7	30.4	28.6	33.0

答：平均强度 $\overline{R}=\frac{\sum R_i}{9}=30.72$

均方差 $S_n=\sqrt{\frac{\sum R_i^2-n\overline{R_i^2}}{n-1}}=4.62$

$\overline{R_n}=30.72\pi1.15R=34.5$

不满足设计要求

$R_{min}=28.6\geqslant0.95R=0.9\times30=28.5$

5. 简述滴定条法检测混凝土中氯离子含量基本步骤。

答：(1)试样过筛，去掉较大颗粒；(2)将样品在 105℃±5℃烘干 2h，冷却至室温；(3)称取

5g样品粉末放入烧杯，缓慢加入50mLHNO_3彻底搅拌直至听到嘶嘶声停止；(4)用石芯蕊试纸检查溶液是否呈酸性，如果不成酸性，再加入适量硝酸；(5)加入约5g无水碳酸钠，用石蕊试纸检查溶液是否呈中性；(6)用滤纸作一锥头加入溶液，当纯净的溶液渗入锥头后，把滴定条插入液体中；(7)待滴定条顶端水平黄色细条转变为蓝色，取出由上至下擦干；(8)读取滴定条颜色变化处的最高值，然后在该批滴定条表中查出所对应的氯离子含量值，以百万分之几(ppm)表示。

6.某梁体混凝土构件，保护层设计厚度60mm，利用钢筋分布传感器实测保护层厚度见下表。根据检测结果判定混凝土保护层厚度对结构钢筋耐久性的影响程度。其中合格判定系数$K=1.695$。

单位：mm

58	62	64	59	60	63	64	55
62	64	64	63	62	60	59	58

附表：混凝土保护层厚度对结构钢筋耐久性影响评定标准

评定标度	D_{ne}/D_{nd}	对钢筋影响	评定标度	D_{ne}/D_{nd}	对钢筋影响
1	>0.95	影响不显著	4	0.55～0.70	有较大影响
2	0.85～0.95	有轻度影响	5	<0.55	发生锈蚀
3	0.70～0.85	有影响			

(1)计算实测混凝土保护层厚度平均值

$$\overline{D}_n=\frac{\sum_{I=1}^{n}D_{ni}}{n}$$

(2)计算混凝土保护层厚度特征值

$$S_D=\sqrt{\frac{\sum_{i=1}^{n}(D_{ni})^2-n\overline{(D)^2}}{n-1}}$$

$$D_{ne}=\overline{D}-KS_D$$

$$\frac{D}{\overline{D}}$$

(3)判定影响程度

7.简述混凝土梁式桥上部承重构件主要评定指标包括：

蜂窝、麻面，剥落、掉角，空洞、孔洞，混凝土保护层厚度，钢筋锈蚀，混凝土碳化，混凝土强度，跨中挠度，结构变位，预应力构件损伤，裂缝等。

8.简述钢梁桥上部承重构件主要评定指标包括：

涂层劣化、锈蚀、焊缝开裂、铆钉损失、构件裂缝、跨中挠度、构件变形、结构变位等。

9.简述圬工拱桥上部承重构件主要评定指标包括：

主拱圈变形、主拱圈裂缝、灰缝松散脱落、渗水、砌块断裂脱落、风化、拱脚位移等。

10.简述斜拉桥斜拉索主要评定指标包括：

拉索锈蚀断丝、拉索滑移变位、涂层损坏、护套内材料老化变质、锚固区损坏、拉索线形异常等。

11. 简述桥墩主要评定指标包括：

蜂窝、麻面，剥落、露筋，空洞、孔洞，钢筋锈蚀，混凝土碳化、腐蚀，磨损，圬工砌体缺陷，位移，裂缝等。

12. 简述桥梁基础主要评定指标包括：

冲刷、淘空，剥落、露筋，冲蚀，河底铺砌损坏，沉降，滑移和倾斜、裂缝等。

13. 简述桥梁材质状况与状态参数检测评定主要项目包括：

桥梁几何形态参数、桥梁恒载变异状况调查、桥梁材质强度检测、钢筋锈蚀电位、混凝土氯离子含量、混凝土电阻率、混凝土碳化状况、钢筋混凝土保护层、桥梁结构自振频率、拉吊索索力、基础与地基等。

第 七 章

一、单项选择题

1. C	2. C	3. C	4. D	5. A	6. C	7. D	8. C	9. A	10. A
11. C	12. D	13. B	14. C	15. C	16. D	17. B	18. C	19. C	20. A
21. B	22. B	23. D	24. A	25. C	26. D	27. B	28. B	29. C	30. C
31. A	32. B	33. B	34. D	35. D	36. D	37. D	38. A	39. B	40. C
41. A	42. B	43. A	44. B	45. B	46. D	47. C	48. D	49. C	50. B
51. A	52. A								

二、判断题

1. ×	2. √	3. √	4. ×	5. √	6. √	7. √	8. √	9. ×	10. √
11. √	12. √	13. ×	14. √	15. √	16. ×	17. ×	18. √	19. √	20. √
21. √	22. √	23. √	24. √	25. √	26. ×	27. √	28. ×	29. ×	30. √
31. √	32. ×	33. √	34. √	35. √	36. √	37. √	38. √	39. √	40. ×
41. ×	42. ×	43. ×	44. √	45. ×	46. ×	47. √	48. ×	49. √	50. √
51. √	52. ×	53. ×	54. ×	55. ×	56. ×	57. ×	58. ×		

三、多项选择题

1. ABCDE	2. ACDE	3. ABCE	4. ABCDE	5. ABCD
6. ABD	7. ABCDE	8. ABC	9. ABCD	10. ABCDE
11. ABC	12. ABCDE	13. ABC	14. AC	15. ABCDE
16. ABC	17. ACDE	18. ABC	19. ABC	20. ABE
21. ABCD	22. ABCD	23. ACDE	24. ACDE	25. BCDE

26. ABCDE	27. ABCD	28. ABCDE	29. ABCD	30. BC
31. ABCDE	32. ABC	33. ABCD	34. ABCDE	35. ABCDE
36. ABCD	37. ABCDE	38. ABCD	39. ABCD	40. AD
41. BC	42. AC	43. BC	44. ACD	45. BCDE
46. BCDE	47. ABC	48. ABC	49. AC	50. ABC
51. ABC				

四、问答题

1. 简支梁荷载工况及主要测点布设位置：

跨中最大正弯矩工况、$L/4$ 最大正弯矩工况、支点最大剪力工况、桥墩最大竖向反力工况。

布设：跨中挠度，支点沉降，跨中截面应变。

2. 绘制三孔连续梁，荷载试验工况及主要测点布测位置：

主跨跨中最大正弯矩工况、主跨支点负弯矩工况、主跨桥墩最大竖向反力工况、主跨支点最大剪力工况、边跨最大正弯矩工况。

布设：跨中挠度，支点沉降，跨中和支点截面应变。

3. 绘制一无铰拱，荷载试验工况及主要测点布测位置：

跨中最大正弯矩、拱脚最大负弯矩、拱脚最大推力、正负挠度绝对值之和等工况。

测点布置：跨中、$L/4$ 截面挠度、拱顶、$L/4$ 截面和拱脚截面应变。

4. 百分表安装方法及使用注意事项：

安装方法：百分表安装在表架上，表架安装在临时专门搭设的支架上，支架应具有一定刚度，并与被测结构物分开。将测杆触头抵在测点上，借助弹簧使接触紧密。

注意事项：

(1)使用时，只能拿取外壳，不得任意推动测杆，避免磨损机件，影响放大倍数。注意保护触头，触头上不得有伤痕。

(2)安装时，要使测杆与欲测位移的方向一致，或使被测物体表面保持垂直；并注意位移的正反方向和大小，以便调节测杆，使百分表有适宜的测量范围。

(3)百分表架要安设稳妥，表架上各个螺钉要拧紧，但当颈夹夹住百分表的轴颈时，不可夹的过紧，否则会影响测杆移动。

(4)百分表安装好后，可用铅笔头在表盘上轻轻敲击，看指针摆动情况。若指针不动或绕某一固定值在小范围内左右摆动，说明安装正常。

(5)百分表使用日久或经过拆洗修理后，必须进行标定，标定可在专门的百分表或千分表校正仪上进行。千分表与百分表使用方法完全相同。

5. 用位移计测量结构应变的原理：应变仪是用来测定结构上某区段纤维长度的相对变化。当结构截面变形满足平截面假定，且曲率变化很小时，通过测得的虚应变，推算实际应变。

注意事项：

(1)作为固定位移计的不动点支架必须有足够的刚性。

(2)位移计测杆与所量测的位移方向完全一致。

(3)位移计使用前后要仔细检查测杆上下活动是否灵活。

6.电阻应变片选用的原则:选用应变片时应根据应变片的初始参数及试件的受力状态、应变梯度、应变性质、工作条件、测试精度要求等综合考虑。

粘贴技术:

(1)选片。保证选用的应变片无缺陷和破损。

(2)定位。混凝土表面无浮浆,表面平整,准确定出测点的纵、横中心及贴片方向。

(3)干燥固化。

(4)做好应变片防护,防止应变片受潮和机械损伤。

7.电阻应变测量的温度效应:用应变片测量应变时,除了能感受试件受力后的变形外,同样也能感受环境温度变化,并引起电阻应变片示值的变动,该效应称为温度效应。

补偿方法:通过惠斯登电桥桥路特性进行温度补偿。在电桥一个测臂上接一个与量测片同样阻值的温度补偿应变片,测量片贴在受力构件上,既受应变作用,又受温度作用。补偿片贴在一个与试验材料相同并置于试件附近,具有同样温度变化条件但不受外力作用。此时,电桥对角线上的电流计的反应只是试件受力后产生的变形,温度效应得以消除。

对误差补偿片的要求:

(1)补偿片与工作片应该是同批产品,具有相同电阻值、灵敏系数和几何尺寸。

(2)贴补偿片的试块材料应与试件的材料一致,并应做到热容量基本相等。

(3)补偿片的贴片、干燥、防潮等处理工艺必须与工作片完全一致。

(4)连接片与工作片的位置应尽量接近,使二者处于同样温度场条件下,以防不均匀热源的影响。

(5)连接补偿片的导线应与连接工作片的导线同一规格、同一长度,并且相互平列靠近布置或捆扎成束。

补偿片的数量多少,根据试验材料特性、测点位置、试验条件的决定。

8.桥梁荷载试验评定得出的主要内容:

(1)明确荷载试验的目的;

(2)实验准备工作;

(3)加载方案设计;

(4)测点设置与测试;

(5)加载控制与安全措施;

(6)试验结果分析与承载力评定;

(7)实验报告编写。

9.简述桥梁结构动力性能分析评价内容。

答:(1)比较桥梁结构频率的理论值与实测值,如实测值大于理论计算值,说明桥梁结构的实际刚度较大,反之说明桥梁结构刚度偏小,可能存在开裂或其他不正常现象。

(2)根据动力冲击系数的实测值来评价桥梁结构的行车性能,实测冲击系数较大说明桥梁结构的行车性能差。

(3)根据实测加速度量值的大小,评价桥梁结构行车舒适性。

(4)实测阻尼比的大小反映了桥梁结构耗散外部能量输入的能力。

10. 某后张法预应力混凝土简支 T 梁，标准跨径 25m，计算跨径 24.5m，设计跨中弯矩 $M=3\,200\text{kN}\cdot\text{m}$，跨中理论计算挠度 25.0mm。为检验梁体施工质量、承载能力和使用性能，对该预制构件进行静载试验。静载试验采用砂袋均布加载，加载沿梁宽和长度范围均匀布置，荷载集度为 38.0kN/m。最大试验荷载下实测跨中挠度 22.5mm，残余挠度 2.65mm。

问题(1)该静载试验荷载效验系数能否满足试验要求？

(2)结构刚度能否满足使用要求？

答：(1)试验加载跨中弯矩 $M=\dfrac{gl^2}{8}=\dfrac{38.0\times 24.5^2}{8}=2\,851\text{kN}\cdot\text{m}$

荷载效验系数 $\eta=\dfrac{2\,851}{3\,200}=0.89$ 满足 0.8～1.05 范围要求

(2)挠度效验系数 $\eta=\dfrac{22.5}{25.0}=0.9$ 满足 0.7～1.05 范围要求

实测挠度 $\dfrac{f}{l}=\dfrac{22.5}{24\,500.0}=\dfrac{1}{1\,088}\pi\dfrac{1}{600}$ 满足刚度要求

挠度相对残余变形 $\dfrac{2.65}{22.5}=\dfrac{1}{8.5}=12\%\pi 20\%$ 小于 20%，说明弹性工作状况好

11. 写出配筋混凝土桥梁通过检算确定承载能力极限状态检算表达式，并说明各符号意义。

$$\gamma_0 S\leqslant R(f_{\mathrm{d}},\xi_{\mathrm{c}}a_{\mathrm{dc}},\xi_{\mathrm{s}}a_{\mathrm{ds}})Z_1(1-\xi_e)$$

γ_0 为结构重要性系数；S 为荷载最不利效应；R 为结构抗力效应；f_{d} 为材料强度；ξ_{c} 为截面折减系数；a_{dc} 为构件几何参数值；ξ_{s} 为钢筋截面折减系数；a_{ds} 为钢筋几何参数值；Z_1 为通过检测评定方式确定结构校验系数；ξ_{e} 为承载能力恶化系数。

12. 写出配筋混凝土桥梁通过荷载试验确定承载能力极限状态检算表达式，并说明各符号意义。

$$\gamma_0 S\leqslant R(f_{\mathrm{d}},\xi_{\mathrm{c}}a_{\mathrm{dc}},\xi_{\mathrm{s}}a_{\mathrm{ds}})Z_2(1-\xi_{\mathrm{e}})$$

γ_0 为结构重要性系数；S 为荷载最不利效应；R 为结构抗力效应；f_{d} 为材料强度；ξ_{c} 为截面折减系数；a_{dc} 为构件几何参数值；ξ_{s} 为钢筋截面折减系数；a_{ds} 为钢筋几何参数值；Z_2 为通过荷载试验方法确定结构校验系数；ξ_{e} 为承载能力恶化系数。

13. 简述桥梁荷载试验时出现那些不利情况时应立即停止加载。

(1)控制测点实测应力、变位(或挠度)已达到或超过计算的控制应力值；(2)结构裂缝的长度或缝宽急剧增加，或新裂缝大量出现，或缝宽超过允许值的裂缝大量增多时；(3)拱桥沿桥跨方向的实测挠度曲线分布规律与计算结果相差过大时；(4)发生其他影响桥梁承载能力或正常使用的损坏时。

14. 简述桥梁荷载试验出现那些情况时，应判定桥梁承载能力不满足要求。

(1)主要测点静力荷载试验校验系数大于 1；(2)主要测点相对残余变位或相对残余应变超过 20%；(3)试验荷载作用下裂缝扩展宽度超过规定限值，且卸载后裂缝闭合宽度小于扩展宽度的 2/3；(4)在试验荷载作用下，桥梁基础发生不稳定沉降变位。

第三部分　模拟试题

一、单项选择题（每道题目有四个备选项，要求参考人员通过对题干的审查理解，从四个备选项中选出唯一的正确答案。每题1分，共计30分）

1. 桥梁质量检验评定的基本单元是（　）。

A. 分项工程　B. 分部工程　C. 单位工程　D. 施工工序

2. 石料单轴抗压强度试验用试件个数为（　）个。

A. 3　B. 6　C. 9　D. 12

3. 压力机标定周期为（　）。

A. 3个月　B. 6个月　C. 1年　D. 2年

4. 钢筋电弧焊接头，接头的验收每批不超过（　）个。

A. 100　B. 200　C. 250　D. 300

5. 碳素结构钢经机械性能试验评定为Q235钢材，是由（　）及冲击等指标来评定的。

A. 变形量　B. 屈服点　C. 破坏荷载　D. 抗拉强度

6. 钢材焊接拉伸试验，一组试件有2根发生脆断，应再取（　）根进行复验。

A. 2　B. 4　C. 6　D. 3

7. 桥涵地基承载力检测用于（　）基础。

A. 扩大　B. 桩　C. 沉井　D. 管柱

8. 砂土的容许承载力可按照（　）确定。

A. 密实程度　B. 压缩模量　C. 液性指数　D. 液限比

9. 标准贯入试验，当钻杆长度超过（　）m时应进行锤击数修正。

A. 2　B. 3　C. 6　D. 9

10. 钻孔灌注桩单排桩桩位偏差不得大于（　）mm。

A. 10　B. 20　C. 50　D. 100

11. 钻孔灌注桩实测桩长为30m，时域信号第一峰与桩端反射波峰间的时间差为15.79ms，计算该桩的桩身波速为（　）m/s。

A. 2 000　B. 3 800　C. 4 000　D. 6 000

12. 超声波法检测桩身完整性，PSD判据增大了（　）权数。

A. 波形　B. 波幅　C. 频率　D. 声时差值

13. 基桩静载试验采用压重平台反力装置时，要求压重不得小于预估最大试验荷载的（　）倍。

A. 1.2　B. 1.5　C. 2.0　D. 2.5

14. 利用声波透射法检测桩基混凝土内部缺陷时，不平行的影响可采用（　）数据处理来消除。

A. 加权平均法　B. 概率法　C. PSD 判据　D. 多因素概率分析法

15. 桩径 1.8m，应预埋声测管（　）根。

A. 2　B. 3　C. 4　D. 5

16. 按规范法确定地基容许承载力，目前一般将地基土分为（　）类。

A. 3　B. 4　C. 5　D. 6

17. 室内拌制混凝土时，水泥、掺合料、水、外加剂的称量精度为（　）。

A. 0.5%　B. 1.0%　C. 1.5%　D. 2.0%

18. 标准贯入试验，将贯入器打入土中（　）cm 的锤击数作为标准贯入试验的指标。

A. 15　B. 45　C. 30　D. 15～45

19. 桩基完整性检测方法中，属于振动检测法的是（　）。

A. 锤击法　B. 超生脉冲法　C. 射线法　D. 钻芯法

20. 超声波法检测桩身完整性适用于桩径大于（　）m 以上的桩。

A. 0.5　B. 0.8　C. 1.0　D. 1.2

21. 超声波法检测桩身完整性，波幅临界值取（　）。

A. A_m-2　B. A_m-4　C. A_m-5　D. A_m-6

22. 高应变检测单桩轴向抗压承载力时，采用自由落锤为激振设备，宜重锤低击，锤的最大落距不宜大于（　）m。

A. 0.5　B. 1　C. 2　D. 3

23. 混凝土徐变试验时徐变应力为所测的棱柱体抗压强度的（　）。

A. 30%　B. 40%　C. 50%　D. 60%

24. 作为评定结构或构件混凝土强度质量的抗压试块，应在（　）制作。

A. 施工现场　B. 浇筑点　C. 试验室　D. 拌和站

25. 桥梁动载试验效率一般采用（　）。

A. 0.85　B. 0.95　C. 1.0　D. 1.05

26. 百分表的分辨率为（　）mm。

A. 1　B. 0.1　C. 0.01　D. 0.001

27. 某简支梁在动荷载作用下跨中挠度为 32mm，在静荷载作用下跨中挠度为 25mm，则该结构冲击系数 $1+u$ 应为（　）。

A. 32/(1+25)　B. 25/(1+32)　C. 1.0　D. 1.3

28. 在测定简支梁的一阶振型时，激振力应作用在（　）。

A. 1/4 截面　B. 跨中截面　C. 3/8 截面　D. 支点截面

29. 桥梁静载荷载试验时间最好选择在（　）。

A. 8:00～16:00　B. 16:00～23:00

C. 22:00～次日 6:00　D. 10:00～17:00

30. 中碳钢和高碳钢没有明显的屈服点，通常以残余变形 0.2%的应力作为名义（　）。

A. 屈服强度　B. 拉伸强度　C. 弯曲强度　D. 极限强度

二、判断题（每道题目列出一个可能的事实，通过审题给出该事实是正确还是错误的判断。每题 1 分，共计 30 分）

1. 桥梁试验检测可以完善设计理论和为施工工艺积累实践经验。（ ）

2. 一组混凝土试块经抗压试验 3 个值分别为 20.4MPa、20.1MPa、27.3MPa，该组试块强度为 21.4MPa。（ ）

3. 钢筋强度标准值是根据屈服强度确定的。（ ）

4. 抗拉强度为试样拉断前的最大负荷所对应的应力。（ ）

5. 松弛是指在应变不变的情况下，应力减小的现象。（ ）

6. 对于钢筋闪光对焊接头，外观检查不合格的，应切除重焊，可再次提交验收。（ ）

7. 老黏土的容许承载力可按土的压缩模量确定。（ ）

8. 地基荷载板试验过程中，压密阶段土体处于弹性平衡状态，该阶段对应拐点称为极限荷载。（ ）

9. 嵌岩桩影响桩底支承条件的主要因素是清孔不彻底，孔底沉淀层超厚。（ ）

10. 反射波法检测桩基完整性，桩身完整性检测以频域分析为主，辅以时域曲线分析。（ ）

11. 超声波检测桩基完整性，临界 PSD 判据反映了测点间距、声波穿透距离、介质性质、测量的声时值等参数之间的综合关系，这一关系与缺陷性质有关。（ ）

12. 高应变动力检测，桩顶下两侧面应对称安装加速度传感器和应变传感器各一只，其与桩顶的距离不应小于 1.5 倍的桩径或边长。（ ）

13. 确定桩基承载力的检测方法有两种，一种是静载试验，另一种是动载试验。（ ）

14. 利用声波透射法检测桩基混凝土内部缺陷时，不平行的影响可在数据处理中予以鉴别和消除，所以对平行度不必苛求，但必须严格控制。（ ）

15. 桩的各种不利缺陷最终都表现为桩的承载力下降。（ ）

16. 板式橡胶支座内部嵌入薄钢板的目的是为提高橡胶的硬度。（ ）

17. 橡胶抗剪老化试验步骤同标准抗剪弹性模量试验方法相同。（ ）

18. 球形支座各向转动性能一致，适用于曲线桥和宽桥。（ ）

19. 超声波检测混凝土表面损伤层厚度，测点布置应避免两换能器的连线方向与附近主钢筋的轴线平行。（ ）

20. 用钻芯法测得的混凝土强度可以直接用来评定结构混凝土的强度等级。（ ）

21. 测定混凝土立方体抗压强度时，如有两个测值与中值的差值超过中值的 15%，则该组试验结果无效。（ ）

22. 预应力可使混凝土构件在使用荷载作用下不致开裂或推迟开裂，或者使裂缝宽度减小。（ ）

23. 钻芯法测定混凝土构件强度，芯样直径在任何情况下不得小于集料最大粒径的 2 倍。（ ）

24. 回弹仪不使用时，应将弹击杆压入仪器内，装入仪器箱，平放在干燥阴凉处。（ ）

25. 选用应变片时应根据应变片的初始参数及试件的受力状态、应变梯度、应变性质、工作

条件等综合考虑。（ ）

26. 桥梁结构校验系数值越小，说明结构安全储备越小。（ ）

27. 在进行桥梁静载试验前，一定要对结构进行预加载，以便使仪器与构件接触面或试验结构的节点等部位的接触密实，进入工作状态。（ ）

28. 对某三孔等跨连续拱桥，加载孔一般应选两孔。（ ）

29. 校验系数是评定结构工作状况的主要依据。（ ）

30. 应变片在电桥中的接法一般有单点测量、半桥和全桥。（ ）

三、多项选择题

（每道题目所列备选项中，有 2 个或 2 个以上正确答案，选项全部正确得满分，选项部分正确按比例得分，出现错误选项该题不得分。每题 2 分，共计 40 分）

1. 以下属于分项工程的是（ ）。

A. 引道工程　　B. 防护工程

C. 钢筋加工　　D. 构件预制

E. 构件安装

2. 施工质量保证资料包括（ ）。

A. 原材料检验结果　　B. 隐蔽工程施工记录

C. 试验记录　　D. 桩基检测

E. 事故处理有关资料

3. 石料抗冻性评价指标包括（ ）。

A. 弹性模量　　B. 弹性泊松比

C. 质量损失率　　D. 耐冻系数

E. 外形变化

4. 光圆钢筋力学性能检测指标包括（ ）。

A. 屈服强度　　B. 抗拉强度

C. 伸长率　　D. 冷弯性能

E. 反向弯曲性能

5. 确定地基容许承载力的方法有（ ）。

A. 参照法　　B. 理论计算法

C. 现场荷载试验法　　D. 经验公式法

E. 假设法

6. 泥浆性能指标包括（ ）。

A. 相对密度　　B. 黏度

C. 静切力　　D. 含砂率

E. 胶体率

7. 超声波检测桩基完整性的判定方法包括（ ）。

A. 声速判据　　B. 声时判据

C. PSD 判据　　D. 波幅判据

E. 波形判据

8. 湿作业灌注桩成孔质量检查的主要内容包括(　)。

A. 桩位偏差检查　　B. 孔径检查

C. 桩倾斜度检查　　D. 孔底沉淀土厚度检查

E. 泥浆指标

9. 回弹法测强影响因素包括(　)。

A. 水泥品种　　B. 粗集料品种

C. 成型方法　　D. 模板种类

E. 混凝土龄期

10. 桥涵工程中所用石料的外观要求为(　)。

A. 石质应均匀　　B. 不易风化

C. 无裂缝　　D. 外形方正

E. 外形扁平

11. 盆式橡胶支座成品力学性能指标包括(　)。

A. 竖向承载力　　B. 水平承载力

C. 转角　　D. 摩阻系数

E. 弹性模量

12. 钻芯法检测混凝土强度,需对芯样测量(　)。

A. 平均直径　　B. 芯样高度

C. 垂直度　　D. 平整度

E. 质量

13. 回弹法检测混凝土强度,下列(　)情况能采用全国统一测强曲线进行换算。

A. 普通成型工艺　　B. 标准模板

C. 掺加引气型外加剂　　D. 混凝土处于潮湿状态

E. 混凝土抗压强度 50MPa

14. 混凝土结构物的缺陷和损伤的形成原因有(　)。

A. 施工原因

B. 非外力作用形成的裂缝

C. 长期在腐蚀介质或冻融作用下由表及里的层状疏松

D. 外力作用所产生的裂缝

E. 人为破坏

15. 超声波检测混凝土结合面施工质量可采用(　)。

A. 对测法　　B. 平测法

C. 双面斜测法　　D. 钻孔法

E. 重叠法

16. 锚夹具辅助性能试验检测项目包括(　)。

A. 静载锚固效率系数　　B. 极限总应变

C. 锚具内缩量　　D. 锚具摩阻损失

E. 锚具锚固工艺

17. 无铰拱荷载工况包括（ ）。

A. 跨中最大正弯矩　B. 拱脚最大点弯矩

C. 拱脚最大推力　D. 正负挠度绝对值之和最大

E. 拱脚最大剪力

18. 桥梁静载试验可直接测量（ ）。

A. 应力　B. 应变　C. 位移　D. 倾角　E. 裂缝

19. 桥梁动载试验测定结构的动力特性包括（ ）。

A. 自振频率　B. 阻尼　C. 振型　D. 动位移　E. 动应力

20. 钻孔灌注桩成孔质量检测的项目包括（ ）。

A. 桩径　B. 孔形

C. 倾斜度　D. 孔深

E. 孔底沉淀层厚度

四、问答题（分为试验操作题、简答题、案例分析题和计算题等。每题 10 分，共计 50 分）

1. 某桥梁预制厂进行梁体预制，混凝土设计强度为 C30。实测某批梁体强度见下表，试评价该批梁体是否满足设计要求（其中 $\lambda_1=1.15$，$\lambda_2=0.90$）。

30.5	31.6	31.6	32.5	28.6	29.7	30.4	28.6	33.0	32.1	30.5	32.2	30.0

2. 简述钢筋拉伸试验主要步骤和操作要点。

3. 典型荷载板试验 P-S 曲线有何特点及确定地基容许承载力的方法有哪几种？

4. 简述回弹仪测定混凝土强度的主要步骤及超声－回弹综合法测定混凝土强度的主要步骤。

5. 什么是电阻应变测量的温度效应？如何进行温度补偿？对误差补偿片有何要求？

第四部分 模拟试题答案

一、单项选择题

1. A 2. B 3. C 4. D 5. B 6. C 7. A 8. A 9. B 10. C
11. B 12. D 13. A 14. C 15. C 16. D 17. A 18. D 19. A 20. B
21. D 22. C 23. B 24. B 25. C 26. C 27. D 28. B 29. C 30. A

二、判断题

1. √ 2. √ 3. √ 4. √ 5. √ 6. × 7. √ 8. × 9. √ 10. ×
11. √ 12. √ 13. √ 14. √ 15. √ 16. × 17. √ 18. √ 19. × 20. ×
21. × 22. √ 23. × 24. × 25. √ 26. √ 27. × 28. √ 29. √ 30. √

三、多项选择题

1. CDE 2. ABCDE 3. CDE 4. ABCD 5. ABCD
6. ABCDE 7. ACD 8. ABC 9. ABCDE 10. ABCD
11. ABCD 12. ABC 13. ABE 14. ABCD 15. AC
16. CDE 17. ABCD 18. BCDE 19. ABC 20. ABCDE

四、操作题

1. 平均强度 $\overline{R}=\frac{\sum R_i}{13}=30.87$

均方差 $S_n=\sqrt{\frac{\sum R_i^2-nR_n^2}{n-1}}=1.423$

$\overline{R_n}-K_1S_n=30.87-1.7\times1.423=28.5$

$R_{min}=28.6\geqslant K_2R=0.9\times30=27.0$ 满足设计要求

2. 钢筋拉伸试验主要步骤和操作要点：

(1)在试件上画标距，估算最大试验拉力。

(2)调试试验机，选择合适量程。破坏荷载：取试验机量程20%～80%；精度±1%。

(3)测量屈服强度和抗拉强度。屈服点荷载：指针停止转动后恒定负载或第一次回转的最小负荷；抗拉强度：钢筋拉断时由测力盘或拉伸曲线上读出的最大负荷。

(4)测量伸长率。

3. 典型荷载板试验 $P\text{-}S$ 曲线的特点及确定地基承载力的几种方法：

典型的 $P\text{-}S$ 曲线有两个明显拐点(转折点)，第一个拐点称比例极限，第二个拐点称极限荷载。

在确定地基承载力时，对于典型的 $P\text{-}S$ 曲线，可取第一个拐点比例极限(沉降量/承载板)作为地基承载力或取第二个拐点(极限荷载/2)作为承载力。

当 $P\text{-}S$ 曲线拐点不明显时，可采用沉降—时间曲线($S\text{-}t$)或 $\log P\text{-}\log S$ 曲线判断。

4. 回弹仪测定混凝土强度的主要步骤：

(1)收集基本技术资料；

(2)选择符合规定的测区；

(3)回弹值测量；

(4)碳化深度值测量。

超声—回弹法测混凝土强度主要步骤：

(1)测前准备。收集资料，被测结构构件准备。

(2)检测方法。回弹值的测量与计算，超声声速测量与计算。

(3)混凝土强度推算。

5. 电阻应变测量的温度效应：用应变片测量应变时，除了能感受试件受力后的变形外，同样也能感受环境温度变化，并引起电阻应变片示值的变动，该效应称为温度效应。

补偿方法：通过惠斯登电桥桥路特性进行温度补偿。在电桥一个测臂上接一个与量测片同样阻值的温度补偿应变片，测量片贴在受力构件上，既受应变作用，又受温度作用。补偿片贴在一个与试验材料相同并置于试件附近，具有同样温度变化条件但不受外力作用。此时，电桥对角线上的电流计的反应只是试件受力后产生的变形，温度效应得以消除。

对误差补偿片的要求：

(1)补偿片与工作片应该是同批产品，具有相同电阻值、灵敏系数和几何尺寸。

(2)贴补偿片的试块材料应与试件的材料一致，并应做到热容量基本相等。

(3)补偿片的贴片、干燥、防潮等处理工艺必须与工作片完全一致。

(4)连接片与工作片的位置应尽量接近，使二者处于同样温度场条件下，以防不均匀热源的影响。

(5)连接补偿片的导线应与连接工作片的导线同一规格、同一长度，并且相互平列靠近布置或捆扎成束。

补偿片的数量多少，根据试验材料特性、测点位置、试验条件的决定。

隧 道 篇

第一部分 练 习 题

一、单项选择题

1. 隧道的断面形状常为（ ）。

A. 矩形 B. 圆形 C. 圆端形 D. 扁平马蹄形

2. 隧道易在（ ）部位产生拉伸。

A. 拱顶 B. 侧墙 C. 仰拱 D. 拱脚

3. 对于隧道内喷射混凝土，施工中应主要检测其强度、（ ）和平整度。

A. 密度 B. 面积 C. 厚度 D. 湿度

4. 隧道施工监控测量的基本内容不包括（ ）。

A. 隧道围岩变形 B. 衬砌受力 C. 支护受力 D. 钢筋分布

5. 下列（ ）不属于支护质量。

A. 锚杆安装质量 B. 砌块质量

C. 喷射混凝土质量 D. 钢构件质量

6. 隧道防水材料包括注浆材料、高分子合成卷材、排水管和（ ）。

A. 防水混凝土 B. 沥青混凝土 C. 木材 D. 石块

7. 对于浅埋洞口地段和某些偏压地段，隧道一般采用（ ）支护方式。

A. 地表注浆加固 B. 管棚钢架超前支护

C. 超前小导管预注浆 D. 超前围岩深孔预注浆

8. 对于浅埋松散破碎地层，隧道一般采用（ ）支护方式。

A. 地表砂浆锚杆 B. 超前锚杆

C. 管棚钢架超前 D. 超前小导管注浆

9. 用砂浆锚杆进行地层预加固，要求锚固砂浆达到设计强度（ ）以上方可开挖隧道。

A. 30％ B. 50％ C. 70％ D. 100％

10. 对极破碎地层、坍方体、岩堆等地段，隧道一般采用（ ）支护方式。

A. 超前锚杆 B. 管棚钢架超前

C. 超前小导管 D. 地表砂浆锚杆

11. 管棚钢架超前支护，要求纵向两组管棚搭接长度应大于（ ）m。

A. 1 B. 2 C. 3 D. 4

12. 对于大量漏水的松散地段，通常采用（ ）加固方式。

A. 超前锚杆支护 B. 管棚钢架超前支护

C. 超前小导管支护 D. 超前围岩深孔预注浆

13. 砂性土的孔隙直径必须大于浆液颗粒直径(　)倍以上方可注入。

A. 2　　B. 3　　C. 4　　D. 5

14. 锚杆插入孔内长度不得短于设计长度(　)。

A. 60%　　B. 70%　　C. 90%　　D. 95%

15. 锚杆的搭接长度应不小于(　)m。

A. 0.5　　B. 1.0　　C. 1.5　　D. 2.0

16. 超前锚杆与隧道轴线外插角宜为(　)。

A. 1°～2°　　B. 5°～10°　　C. 10°～15°　　D. 15°～20°

17. 超前锚杆孔位偏差要求(　)mm。

A. ±10　　B. ±20　　C. ±50　　D. ±100

18. 超前锚杆支护一般宜采用(　)作为锚杆与孔壁间的胶结物，以使尽早发挥超前自护作用。

A. 早强混凝土　　B. 普通砂浆　　C. 早强砂浆　　D. 普通混凝土

19. 国内标准水泥粒径为 0.085mm，只能注入到(　)mm 的孔隙或粗砂中。

A. 0.050　　B. 0.255　　C. 0.105　　D. 0.085

20. 水泥细度检验是采用筛析法为(　)μm。

A. 40　　B. 60　　C. 80　　D. 100

21. 超前锚杆支护应保证前后两组支护在纵向水平搭接长度不小于(　)cm。

A. 50　　B. 100　　C. 150　　D. 200

22. 对于自稳时间很短(12h)的砂层、砂砾石层、断层破碎带、软弱围岩浅埋地段或处理塌方等地段，一般采用(　)预加固处理措施。

A. 超前锚杆支护　　B. 管棚钢架超前支护

C. 超前小导管预注浆　　D. 地表砂浆锚杆

23. 影响浆液扩散半径、注浆压力和流量的指标是(　)。

A. 黏度　　B. 渗透能力　　C. 凝胶时间　　D. 渗透系数

24. 隧道开挖要求拱脚、墙脚以上(　)m 范围内严禁欠挖。

A. 0.5　　B. 1.0　　C. 1.5　　D. 2.0

25. 硬岩是指岩石抗压极限强度大于(　)MPa。

A. 50　　B. 55　　C. 60　　D. 70

26. 隧道拱部硬岩允许超挖值平均和最大分别为(　)mm。

A. 150,300　　B. 100,200　　C. 150,200　　D. 100,300

27. 隧道开挖在工程上应用最广的方法是(　)。

A. 机掘法　　B. 机钻法　　C. 人工法　　D. 钻爆法

28. 激光断面仪法的测定原理是(　)。

A. 坐标法　　B. 直角坐标法　　C. 极坐标法　　D. 空间坐标法

29. 当石质坚硬完整且岩石抗压强度大于 30MPa，并确认不影响结构稳定和强度时，允许岩石个别凸出部分在 1m² 内不大于(　)m²。

A. 0.05　　B. 0.1　　C. 0.15　　D. 0.20

30. 对于硬岩炮眼痕迹保存率标准为( )。

A. 90%　　B. 80%　　C. 70%　　D. 50%

31. 锚喷支护是对围岩( )。

A. 主动加固　　B. 被动加固　　C. 主动支撑　　D. 被动支撑

32. 钢架支护是对围岩( )。

A. 主动加固　　B. 被动加固　　C. 主动支撑　　D. 被动支撑

33. 锚杆在工作时主要承受( )。

A. 拉力　　B. 压力　　C. 弯矩　　D. 剪力

34. 锚杆孔位允许偏差为( )mm。

A. ±5　　B. ±10　　C. ±15　　D. ±20

35. 水泥砂浆锚杆,允许钻孔深度偏差为( )mm。

A. ±10　　B. ±20　　C. ±50　　D. ±100

36. 锚杆每安装( )根至少应抽样1组(3根)进行拉拔力测试。

A. 100　　B. 200　　C. 300　　D. 500

37. 锚杆拉拔力试验,要求同组单根锚杆的锚固力达到( )的设计值。

A. ≥70%　　B. ≥80%　　C. ≥90%　　D. ≥100%

38. 反映喷射混凝土物理力学性能及耐久性的综合指标是( )。

A. 拉压强度　　B. 抗拉强度　　C. 疲劳强度　　D. 黏结强度

39. 喷射混凝土采用的速凝剂应保证初凝时间不大于( )min。

A. 5　　B. 10　　C. 15　　D. 30

40. 喷射混凝土采用的速凝剂应保证终凝时间不大于( )min。

A. 5　　B. 10　　C. 15　　D. 30

41. 喷射混凝土抗压强度试验,2车道隧道要求每隔( )m应至少在拱部和边墙各制作一组试件。

A. 5　　B. 10　　C. 20　　D. 50

42. 喷射混凝土抗压强度试验要求任意一组试块的抗压强度平均值,不低于设计值的( )。

A. 50%　　B. 70%　　C. 80%　　D. 90%

43. 喷射混凝土厚度要求每10延米至少检查一个断面,再从拱顶中线起每隔( )m凿孔检查一个点。

A. 1　　B. 2　　C. 3　　D. 5

44. 每个断面拱墙分别统计,全部检查孔处喷层厚度应保证( )以上不小于设计厚度。

A. 50%　　B. 60%　　C. 70%　　D. 90%

45. 喷射混凝土与围岩黏结力要求IV类及其以上围岩不低于( )MPa。

A. 0.5　　B. 0.8　　C. 1.0　　D. 5

46. 喷射混凝土与围岩黏结力要求III类及以下围岩不低于( )MPa。

A. 0.5　　B. 0.8　　C. 1.0　　D. 5

47. 喷射混凝土回弹模量要求拱部不超过( )。

A. 20%　　B. 30%　　C. 40%　　D. 50%

48. 喷射混凝土回弹模量要求边墙不超过（　）。

A. 20％　　B. 30％　　C. 40％　　D. 50％

49. 目前公路隧道用量最大的钢支撑方式是（　）。

A. 钢格栅　　B. 型钢支撑　　C. 钢台支撑　　D. 钢筋支撑

50. 钢架支撑在平面上应垂直于隧道中线，在纵断面上其倾斜度不得大于（　）。

A. 2°　　B. 3°　　C. 4°　　D. 5°

51. 隧道支护与围岩之间存在空洞时，会导致围岩松弛，使支护结构产生（　）。

A. 拉应力　　B. 压应力　　C. 剪应力　　D. 弯曲应力

52. 地质雷达天线要求具有屏蔽功能，最大探测深度大于2m，垂直分辨率应高于（　）mm。

A. 5　　B. 10　　C. 20　　D. 50

53. 地质雷达检测隧道初期支护以纵向布线为主，2车道断面需布设（　）条。

A. 3　　B. 4　　C. 5　　D. 6

54. 衬砌界面出现信号幅度较弱，甚至没有点面反射信号，说明衬砌混凝土（　）。

A. 密实　　B. 不密实　　C. 有空洞　　D. 有离析

55. 衬砌内钢筋反射信号是（　）。

A. 月牙形强反射信号　　B. 月牙形弱反射信号

C. 连续的小双曲线形弱反射信号　　D. 连续的小双曲线形强反射信号

56. 喷射混凝土用水必须是无杂质的洁净水，污水、pH值小于（　）的酸性水均不得使用。

A. 7　　B. 6　　C. 5　　D. 4

57. 地质雷达探测初期支护纵向布线应采用连续测量方式，测量点距不宜大于（　）cm。

A. 10　　B. 20　　C. 30　　D. 50

58. 钢架支护不得侵入二次衬砌（　）cm。

A. 5　　B. 15　　C. 20　　D. 30

59. 隧道衬砌喷射混凝土，当同批试件组数大于等于10组时，强度平均值不小于设计值，任一组试件抗压强度不小于设计值的（　）。

A. 70％　　B. 80％　　C. 85％　　D. 90％

60. 隧道衬砌喷射混凝土，当同批试件组数小于10组时，强度平均值不小于设计值的（　），任一组试件抗压强度不小于设计值的（　）。

A. 80％，100％　　B. 105％，100％　　C. 100％，90％　　D. 105％，90％

61. 以防为主的隧道排水结构类型是（　）。

A. 水密型　　B. 泄水型　　C. 引流自排型　　D. 控制型

62. 目前隧道防水材料使用最多的是（　）。

A. 刷式　　B. 喷涂式　　C. 粘贴式　　D. 抹涂式

63. 合成高分子防水卷材验收批量为（　）。

A. 1 000m　　B. 2 000m　　C. 3 000m　　D. 5 000m

64. 土工合成材料的厚度一般在（　）kPa压力下测量。

A. 0.5　　B. 1.0　　C. 1.5　　D. 2.0

65. 直接反映土工织物反滤和排水性能的指标是（　）。

A. 抗拉强度　　B. 渗透性　　C. 顶破强度　　D. 抗压缩性

66. 土工织物大多是通过(　)承受荷载以发挥工程作用。

A. 抗拉强度　　B. 顶破强度　　C. 撕裂强度　　D. 刺破强度

67. 隧道防水混凝土的抗渗等级不得小于(　)。

A. S_2　　B. S_4　　C. S_6　　D. S_8

68. 当隧道衬砌处于地下水环境中,混凝土的耐侵蚀系数不应小于(　)。

A. 0.4　　B. 0.6　　C. 0.8　　D. 1.0

69. 隧道防水混凝土抗渗等级应比设计要求提高(　)MPa。

A. 0.1　　B. 0.2　　C. 0.4　　D. 0.5

70. 隧道防水混凝土抗渗等级试件每组(　)个。

A. 2　　B. 3　　C. 4　　D. 6

71. 隧道防水混凝土抗渗试验最大压力要求为(　)MPa。

A. 0.5　　B. 2　　C. 3　　D. 5

72. 隧道防水混凝土抗渗标号以每组试件中有(　)个未发现渗水现象时的最大水压力表示。

A. 3　　B. 4　　C. 5　　D. 6

73. 隧道防水层铺设前要求喷射混凝土边墙基面平整度应满足(　)。

A. $D/L \leqslant 1/4$　　B. $D/L \leqslant 1/6$　　C. $D/L \leqslant 1/8$　　D. $D/L \leqslant 1/10$

74. 防水板焊接要求每(　)m 检查 1 处焊缝。

A. 200　　B. 500　　C. 1 000　　D. 5 000

75. 高分子防水卷材试样截取前,在温度 23℃±2℃,相对湿度 45%～55%的标准环境下进行状态调整,时间不少于(　)h。

A. 8　　B. 10　　C. 12　　D. 16

76. 高分子防水卷材试样热处理尺寸变化率试验时,标明每边的中点作为试样处理前后测量时的参考点,在标准环境下测量两参考点的初始长度,在 80℃±2℃的温度下恒温 6h,取出垫板置于标准环境中调节(　)h,再测量横向和纵向上两参考点的长度。

A. 16　　B. 20　　C. 8　　D. 24

77. 高分子防水卷材试样热老化处理试验程序 80℃±2℃的温度下恒温(　)d,标准环境调节 24h,按外观、拉伸性能试验试验规定的方法进行检查和试验。

A. 7　　B. 14　　C. 21　　D. 28

78. 土工织物试样调湿温度与饱和相对湿度分别为(　)。

A. 20℃±2℃,60%±2%　　B. 25℃±2℃,60%±2%

C. 20℃±2℃,90%±2%　　D. 25℃±2℃,65%±2%

79. 土工织物垂直(水平)渗透系数指土工织物平面垂直(水平)方向渗流的水力梯度等于(　)h 的渗透流速。

A. 4　　B. 3　　C. 2　　D. 1

80. 防水混凝土结构应该满足:裂缝宽度应(　)mm,并不贯通;迎水面主钢筋保护层厚度不应小于(　)mm;衬砌厚度≥30cm 。

A. ≤0.2,30　　B. ≤0.1,50　　C. ≤0.2,50　　D. ≤0.1,30

81. 以排为主的隧道排水结构类型是（　）。

A. 水密型　B. 泄水型　C. 疏导型　D. 控制型

82. 目前我国隧道应用最多的衬砌防排水结构是（　）。

A. 明洞防排水结构　B. 隔墙排水结构

C. 单层式衬砌防排水结构　D. 复合式衬砌防排水结构

83. 隧道防水层铺设前要求喷射混凝土拱顶基面平整度应满足（　）。

A. $D/L \leqslant 1/4$　B. $D/L \leqslant 1/6$　C. $D/L \leqslant 1/10$　D. $D/L \leqslant 1/8$

84. 隧道在开挖过程中，开挖工作面，四周（　）倍洞径范围内受开挖影响最大。

A. 1　B. 2　C. 3　D. 4

85. 隧道施工监控测点一般设置在距开挖工作面（　）m 范围内，开挖后 24h 内，下次爆破前测取出读数。

A. 1　B. 2　C. 3　D. 4

86. 隧道周边位移量测，确定初读数时要求连续量测 3 次的误差（　）mm。

A. ≤0.10　B. ≤0.15　C. ≤0.18　D. ≤0.2

87. 隧道拱顶下沉量测要求观测基准点应设在距离观测点（　）倍洞径以外的稳定点处，每断面布设 1～3 测点。

A. 1　B. 2　C. 3　D. 4

88. I～II 类围岩周边位移量测断面间距为（　）m。

A. 5～10　B. 10～30　C. 20～40　D. 30～50

89. 隧道周边位移速率≥5mm/d 时，其量测频率为（　）。

A. 2 次/d　B. 1 次/d　C. 1 次/(2～3d)　D. 1 次/3d

90. 属于拱顶下沉值计算方法的是（　）。

A. 位移计算法　B. 差值计算法　C. 有限元法　D. 几何法

91. 隧道开挖地表下沉量一般要求 1～2cm，在弯变处地表倾斜应小于（　）。

A. 1/100　B. 1/200　C. 1/300　D. 1/400

92. 隧道围岩内部位移量测采用（　）。

A. 水准仪　B. 多点位移计　C. 收敛计　D. 激光仪

93. 锚杆轴力量测应在埋设后（　）h 才可进行第一次观测。

A. 12　B. 24　C. 36　D. 48

94. 隧道初期支护阶段量测变形小于最大变形的（　）可以正常施工。

A. 1/2　B. 1/3　C. 1/4　D. 1/5

95. 隧道初期支护阶段当位移速率大于（　）mm/d 时应密切关注围岩动态。

A. 1　B. 1～0.2　C. 0.2　D. 0.4

96. 隧道二次衬砌施工时要求围岩产生的各项位移已达预计总位移量的（　）。

A. 100%　B. 90%～100%　C. 80%～90%　D. 70%～80%

97. 隧道衬砌喷射混凝土 1d 龄期的抗压强度不应低于（　）MPa。

A. 0.8　B. 5　C. 10　D. 15

98. 钢纤维喷射混凝土的设计强度等级不应低于（　）。

A. C15　　B. C20　　C. C25　　D. C30

99. 隧道净空收敛稳定标准一般取(　)mm/年。

A. 0.5～1.0　　B. 1～2　　C. 2～4　　D. 5～10

100. 锚杆轴力量测(机械式测力锚杆)时,每个测点的测孔测量3次,当三数值之间最大差值不大于(　)mm时,取平均观测结果。

A. 0.05　　B. 0.10　　C. 0.25　　D. 0.02

101. 钢弦压力盒密封防潮性能试验时,将压力盒放在压力罐,先浸水(　),然后加0.4MPa的压力,恒压(　),检查其密封质量,若无渗漏现象,则认为密封防潮性能良好。

A. 7d,10h　　B. 7d,6h　　C. 14d,6h　　D. 5d,6h

102. 从安全考虑,隧道周边位移与拱顶下沉速度,应指不少于(　)d的平均值。

A. 3　　B. 5　　C. 7　　D. 10

103. (　)是隧道重要支护措施,是隧道防水工程的最后一道防线。

A. 超前支护　　B. 围岩加固　　C. 衬砌　　D. 防水层

104. 一般情况下,隧道二次衬砌应在围岩和初期支护变形基本稳定后施工,拱顶相对下沉速度一般小于(　)mm/d。

A. 0.2　　B. 0.15　　C. 0.10　　D. 0.05

105. 隧道衬砌混凝土浇筑模板最大长度不应超过(　)cm。

A. 200　　B. 150　　C. 100　　D. 50

106. 隧道仰拱宜超前拱墙二次衬砌,其超前距离宜保持(　)倍以上衬砌循环作业长度。

A. 1　　B. 2　　C. 3　　D. 4

107. 隧道衬砌模板拆除时间,对于非承重模板要求混凝土强度达到(　)MPa时进行。

A. 1.0　　B. 2.0　　C. 5.0　　D. 10

108. 隧道仰拱宜超前拱墙二次衬砌,对于承受围岩压力较大的拱墙,封顶和封口混凝土要求达到设计强度的(　)时拆除。

A. 30%　　B. 50%　　C. 70%　　D. 100%

109. 隧道衬砌混凝土浇筑后要求内部温度与环境温度差不超过(　)℃。

A. 5　　B. 10　　C. 15　　D. 20

110. 隧道明洞拱背回填必须对称分层夯实,每层厚度不宜大于(　)cm。

A. 10　　B. 20　　C. 30　　D. 40

111. 回弹法测定混凝土强度适用龄期为(　)d。

A. 7～1 000　　B. 7～500　　C. 14～1 000　　D. 14～500

112. 中型回弹仪适用于混凝土强度等级(　)。

A. ≤C60　　B. ≤C50　　C. ≤C40　　D. ≤C30

113. 回弹仪钢砧率定平均值为(　)。

A. 60±2　　B. 70±2　　C. 80±2　　D. 90±2

114. 回弹仪测区大小为(　)m^2。

A. 0.05m×0.05m　　B. 0.1m×0.1m

C. 0.2m×0.2m　　D. 0.3m×0.3m

115. 回弹法测定混凝土强度要求每个测区测读（ ）值。

A. 15　　B. 10　　C. 16　　D. 20

116. 超声波检测混凝土构件强度，抽查频率为（ ）。

A. 10%　　B. 20%　　C. 30%　　D. 50%

117. 超声回弹测强曲线应优选（ ）。

A. 专用测强曲线　　B. 地区测强曲线

C. 国家测强曲线　　D. 国际测强曲线

118. 钻芯法测定混凝土强度，取芯数量同批构件不少于（ ）个。

A. 2　　B. 3　　C. 4　　D. 6

119. 某隧道混凝土衬砌，用超声平测法测得超声波速为 4 200m/s，用冲击—回波法测定其平均峰值频率为 68kHz，则衬砌厚度为（ ）cm。

A. 31　　B. 38　　C. 62　　D. 68

120. 隧道厚度最直接、最准确的检测方法是（ ）。

A. 冲击—回波法　　B. 超声发射法

C. 激光断面法　　D. 直接测量法

121. 隧道明洞拱背回填施工时，拱圈混凝土达到设计强度的（ ）且拱顶回填高度达到 0.7m以上时，方可拆除拱架。

A. 30%　　B. 50%　　C. 70%　　D. 100%

122. 回弹仪在每次使用前应该进行（ ）。

A. 可立即使用　　B. 校验　　C. 率定　　D. 常规保养

123. 混凝土碳化使混凝土回弹值（ ）。

A. 增大　　B. 减小　　C. 不变　　D. 无法判定

124. 一般情况下，隧道二次衬砌应在围岩和初期支护变形基本稳定后施工，拱脚水平相对净空变化速度一般小于（ ）mm/d。

A. 0.2　　B. 0.15　　C. 0.10　　D. 0.05

125. 隧道仰拱宜超前拱墙二次衬砌，对于承受围岩压力较小的拱墙，封顶和封口混凝土要求达到设计强度的（ ）时拆除。

A. 50%　　B. 70%　　C. 80%　　D. 90%

126. 隧道明洞拱圈混凝土达到设计强度（ ）且拱顶填土厚度大于（ ）以上时，方可拆除拱架。

A. 50%，50cm　　B. 70%，50cm

C. 70%，100cm　　D. 70%，70cm

127. 我国《公路隧道施工技术规范》(JTG F60—2009)规定，隧道施工中含 10%以上游离二氧化碳的粉尘，每立方米空气中不得大于（ ）mg；含 10%以下游离二氧化硅的矿物性粉尘，每立方米空气中不得大于（ ）mg。

A. 2，4　　B. 1，2　　C. 3，6　　D. 2，3

128. 我国《公路隧道施工技术规范》(JTG F60—2009)规定，甲烷(CH_4)按体积计不得大于（ ）。

A. 1.0%　　B. 0.5%　　C. 0.3%　　D. 0.1%

129. 我国《公路隧道施工技术规范》(JTG F60—2009)规定，对于施工隧道，一氧化碳一般情况下不大于(　)mg/m^3，特殊情况下，施工人员必须进入工作面时，浓度可为(　)mg/m^3，但工作时间不得超过 30min。

A. 30，100　　B. 50，100　　C. 30，50　　D. 50，100

130. 我国《公路隧道施工技术规范》(JTG F60—2009)规定，单向交通隧道风速不宜大于(　)m/s；特殊情况下可取 12m/s；双向交通隧道风速不应大于(　)m/s；人车混用隧道风速不应大于(　)m/s。

A. 12，7，8　　B. 10，7，8　　C. 12，8，7　　D. 10，8，7

131. 隧道粉尘浓度测定时，我国常采用(　)法，目前普遍采用(　)法。

A. 质量，滤膜测尘　　B. 光电，水泥粉尘测定仪

C. 光电，粉尘测定仪　　D. 光电，煤尘测定仪

132. 当隧道内粉尘浓度大于 200mg/m^3 时，滤膜直径为(　)mm，当粉尘浓度小于 200mg/m^3 时，滤膜直径为(　)mm。

A. 80，40　　B. 75，35　　C. 75，40　　D. 80，35

133. 我国规范规定，当烟雾浓度达到(　)时，应采取交通管制。

A. 0.10m^{-1}　　B. 0.012m^{-1}　　C. 0.025m^{-1}　　D. 0.050m^{-1}

134. 隧道粉尘浓度检测应在风筒出口后面距工作面(　)m 处采样。

A. 1～2　　B. 2～4　　C. 4～6　　D. 6～10

135. 在隧道照明中，(　)是最重要的技术指标。

A. 路面照明　　B. 路面亮度　　C. 眩光参数　　D. 反射系数

136. 在隧道内行车时，驾驶人暗适应需要的时间是(　)s。

A. 20　　B. 15　　C. 10　　D. 5

137. 在隧道内行车时，驾驶人明适应需要的时间是(　)s。

A. 1～3　　B. 1～4　　C. 1～5　　D. 1～6

138. 人车混合通行的隧道中，中间段亮度不得低于(　)cd/m^2。

A. 1.5　　B. 2.0　　C. 2.5　　D. 3.0

139. 等级 G 与主观上对不舒适感觉评价有相应关系，当 G=(　)时，其相应关系为满意。

A. 1　　B. 2　　C. 5　　D. 7

140. 等级 G 与主观上对不舒适感觉评价有相应关系，当 G=(　)时，其相应关系为无法忍受。

A. 1　　B. 2　　C. 5　　D. 7

141. 等级 G 与主观上对不舒适感觉评价有相应关系，当 G=(　)时，其相应关系为干扰。

A. 1　　B. 2　　C. 5　　D. 7

142. 人眼在可见光谱范围内视觉灵敏度的度量指标是指(　)。

A. 光谱光效率　　B. 光通量　　C. 光强　　D. 照度

143. 光源在单位时间内发出的能被人眼感知的光辐射能的大小是(　)。

A. 光谱光效率　　B. 光通量　　C. 光强　　D. 照度

144. 反映光源发光面在不同方向上的光学特性的指标是(　)。

A. 光谱光效率　　B. 光通量　　C. 光强　　D. 照度

145. 反映光源光通量在空间各个方向上分布特性的指标是（ ）。

A. 光谱光效率　B. 光强　C. 照度　D. 亮度

146. 隧道岩石根据岩石的坚硬程度和岩体的完整性分为（ ）。

A. 四级　B. 五级　C. 六级　D. 七级

147. 公路隧道按长度分类，特长隧道的划分标准为（ ）。

A. $L>3\ 000$m　B. $3\ 000\geqslant L>1\ 000$m

C. $1\ 000\geqslant L>500$m　D. $L\leqslant 500$m

148. 公路隧道按长度分类，长隧道的划分标准为（ ）。

A. $L>3\ 000$m　B. $3\ 000\geqslant L>1\ 000$m

C. $1\ 000\geqslant L>500$m　D. $L\leqslant 500$m

149. 公路隧道按长度分类，中隧道的划分标准为（ ）。

A. $L>3\ 000$m　B. $3\ 000\geqslant L>1\ 000$m

C. $1\ 000\geqslant L>500$m　D. $L\leqslant 500$m

150. 公路隧道按长度分类，短隧道的划分标准为（ ）。

A. $L>3\ 000$m　B. $3\ 000\geqslant L>1\ 000$m

C. $1\ 000\geqslant L>500$m　D. $L\leqslant 500$m

151. 下列属于隧道材料检测内容（ ）。

A. 锚杆材质检测　B. 防排水检测

C. 粉尘检测　D. 有害气体检测

152. 下列属于隧道施工检测内容（ ）。

A. 锚杆材质检测　B. 防排水检测

C. 粉尘检测　D. 有害气体检测

153. 下列属于隧道施工监控量测为（ ）。

A. 锚杆材质检测　B. 防排水检测

C. 围岩变形量测　D. 有害气体检测

154. 公路隧道按跨度分类，小跨度隧道的划分标准为（ ）。

A. $B<9$m　B. 9m$\leqslant B<$14m

C. 14m$\leqslant B<$18m　D. $B\geqslant$18m

155. 公路隧道按跨度分类，中跨度隧道的划分标准为（ ）。

A. $B<9$m　B. 9m$\leqslant B<$14m

C. 14m$\leqslant B<$18m　D. $B\geqslant$18m

156. 公路隧道按跨度分类，大跨度隧道的划分标准为（ ）。

A. $B<9$m　B. 9m$\leqslant B<$14m

C. 14m$\leqslant B<$18m　D. $B\geqslant$18m

157. 公路隧道按跨度分类，超大跨度隧道的划分标准为（ ）。

A. $B<9$m　B. 9m$\leqslant B<$14m

C. 14m$\leqslant B<$18m　D. $B\geqslant$18m

158. 瓦斯隧道施工测量应采用检测通风等手段保证测量作业区瓦斯浓度小于（ ）。

A. 0. 1%　　B. 0. 5%　　C. 1. 0%　　D. 2. 0%

159. 隧道施工控制测量，长度 $L \geqslant 6000\text{m}$ 时平面控制测量等级应满足（　）。

A. 二等　　B. 三等　　C. 四等　　D. 一级

160. 隧道施工控制测量，长度 $L \geqslant 6000\text{m}$ 时高称控制测量等级应满足（　）。

A. 二等　　B. 三等　　C. 四等　　D. 五级

161. 隧道施工控制测量，每个洞口应设不少于（　）平面控制点，（　）个高称控制点。

A. 3,1　　B. 3,2　　C. 3,3　　D. 4,2

162. 隧道施工控制测量，用中线法进行洞内测量，中线点点位横向偏差不得大于（　）。

A. 5mm　　B. 10mm　　C. 15mm　　D. 20mm

163. 隧道全断面开挖可用于（　）。

A. I～III 级围岩中小跨度隧道　　B. I～III 级围岩大跨度隧道

C. III～VI 级围岩中小跨度隧道　　D. VI～V 级围岩中小跨度隧道

164 . 隧道台阶法开挖可用于（　）。

A. I～III 级围岩中小跨度隧道　　B. I～III 级围岩大跨度隧道

C. III～VI 级围岩中小跨度隧道　　D. VI～V 级围岩中小跨度隧道

165. 隧道环形开挖留核心土法可用于（　）。

A. I～III 级围岩中小跨度隧道　　B. I～III 级围岩大跨度隧道

C. III～VI 级围岩中小跨度隧道　　D. VI～V 级围岩中小跨度隧道

166. 当岩层完整、岩石抗压强度大于 30MPa 并确认不影响衬砌稳定和强度时，允许岩石个别突出部分欠挖，但其隆起量不得大于（　）。

A. 10mm　　B. 20mm　　C. 50mm　　D. 100mm

167. 隧道爆破周边炮眼痕迹保存率对于硬岩应满足（　）。

A. >50%　　B. >70%　　C. >80%　　D. >90%

168. 隧道爆破周边炮眼痕迹保存率对于中硬岩应满足（　）。

A. >50%　　B. >70%　　C. >80%　　D. >90%

169. 隧道爆破周边炮眼痕迹保存率对于软岩应满足（　）。

A. >50%　　B. >70%　　C. >80%　　D. >90%

170. 软弱围岩隧道爆破后，围岩的扰动深度应小于（　）。

A. 0. 5m　　B. 0. 8m　　C. 1. 0m　　D. 1. 2m

171. 硬岩隧道爆破后，围岩的扰动深度应小于（　）。

A. 0. 5m　　B. 0. 8m　　C. 1. 0m　　D. 1. 2m

172. 隧道衬砌不得侵入隧道建筑界限，开挖放样时可将设计的轮廓线扩大（　），不得减少衬砌厚度。

A. 10mm　　B. 20mm　　C. 50mm　　D. 100mm

173. 隧道衬砌采用湿喷混凝土时坍落度宜控制在（　）。

A. 50～60mm　　B. 60～80mm　　C. 80～100mm　　D. 80～120mm

174. 隧道湿喷混凝土衬砌每次作业区段纵向长度不宜超过（　）。

A. 2m　　B. 4m　　C. 5m　　D. 6m

175. 隧道湿喷混凝土衬砌，要求混凝土初凝时间和终凝时间不超过（　）。

A. 5min，10min　　B. 5min，30min　　C. 10min，10min　　D. 10min，30min

176. 隧道湿喷混凝土衬砌，要求混凝土终凝 2h 后喷水养护，养护时间不少于（　）。

A. 3 天　　B. 5 天　　C. 7 天　　D. 14 天

177. 隧道锚杆用各种水泥砂浆强度不应低于（　）。

A. M5　　B. M7.5　　C. M12.5　　D. M20

178 . 隧道衬砌钢筋相邻主筋搭接位置应错开，错开距离应不小于（　）。

A. 600mm　　B. 1 000mm　　C. 1 200mm　　D. 1 500mm

179. 隧道衬砌同一受力钢筋的两处搭接，距离应不小于（　）。

A. 600mm　　B. 1 000mm　　C. 1 200mm　　D. 1 500mm

180. 隧道模筑混凝土衬砌，在 V、VI 级围岩中每隔（　）应设沉降缝一道。

A. 10～20m　　B. 20～40m　　C. 20～50m　　D. 30～80m

181. 隧道混凝土衬砌，天然砂采用硫酸钠溶液进行坚固性试验时，砂样 5 次循环后的总质量损失应小于（　）。

A. 3%　　B. 5%　　C. 8%　　D. 10%

182. 隧道混凝土衬砌，卵石或碎石采用硫酸钠溶液进行坚固性试验时，样品 5 次循环后的总质量损失应小于（　）。

A. 3%　　B. 5%　　C. 8%　　D. 10%

183. 隧道混凝土衬砌，卵石或碎石针片状颗粒含量，按质量计应小干（　）。

A. 3%　　B. 5%　　C. 8%　　D. 10%

184. 隧道混凝土衬砌，碎石单级最大压碎指标应小于（　）。

A. 5%　　B. 10%　　C. 15%　　D. 20%

185. 隧道混凝土衬砌，调制混凝土拌和物时，水泥质量偏差不得超过（　）。

A. ±0.5%　　B. ±1.0%　　C. ±2.0%　　D. ±3.0%

186. 隧道混凝土衬砌，调制混凝土拌和物时，集料质量偏差不得超过（　）。

A. ±0.5%　　B. ±1.0%　　C. ±2.0%　　D. ±3.0%

187. 隧道混凝土衬砌，调制混凝土拌和物时，水及外加剂质量偏差不得超过（　）。

A. ±0.5%　　B. ±1.0%　　C. ±2.0%　　D. ±3.0%

188. 隧道混凝土衬砌，有抗渗要求时混凝土养护时间不得少于（　）。

A. 3 天　　B. 7 天　　C. 14 天　　D. 28 天

189. 隧道仰拱混凝土超前拱墙混凝土施工的超前距离，宜保持（　）以上循环作业长度。

A. 1 倍　　B. 2 倍　　C. 3 倍　　D. 5 倍

190. 隧道仰拱以上混凝土应在仰拱混凝土强度达到设计强度的（　）后施工。

A. 50%　　B. 70%　　C. 90%　　D. 100%

191. 隧道仰拱和底板混凝土应在混凝土强度达到设计强度的（　）后方可允许车辆通行。

A. 50%　　B. 70%　　C. 90%　　D. 100%

192. 连拱隧道主洞开挖时，左右两洞开挖掌子面错开距离宜大于（　）。

A. 20m　　B. 30m　　C. 40m　　D. 50m

193. 隧道监控量测，洞内必测项目各测点应在每次开挖后(　)内取得初读数。

A. 6h　　B. 12h　　C. 24h　　D. 48h

194. 隧道监控量测，洞内必测项目各测点应埋入围岩深度不得小于(　)。

A. 0.1m　　B. 0.2m　　C. 0.3m　　D. 0.5m

195. 隧道监控量测，位移管理 III 等级标准为(　)。

A. $U<U_0/3$　　B. $U_0/3\leqslant U<2U_0/3$

C. $U_0/4\leqslant U<3U_0/4$　　D. $U>2U_0/3$

196. 隧道监控量测，位移管理 II 等级标准为(　)。

A. $U<U_0/3$　　B. $U_0/3\leqslant U<2U_0/3$

C. $U_0/4\leqslant U<3U_0/4$　　D. $U>2U_0/3$

197. 根据位移速率判断，围岩处于急剧变形状态的标准为(　)。

A. 大于 0.1mm/d　　B. 大于 0.5mm/d

C. 大于 1mm/d　　D. 大于 2mm/d

198. 根据位移速率判断，围岩处于稳定状态的标准为(　)。

A. 小于 0.1mm/d　　B. 小于 0.2mm/d

C. 小于 0.5mm/d　　D. 小于 14mm/d

199. 隧道初期支护承受的应力、应变实测值与允许值之比大于或等于(　)时，围岩不稳定，应加强初期支护。

A. 0.6　　B. 0.7　　C. 0.8　　D. 0.9

200. 根据地质对隧道安全的危害程度，地质灾害分为(　)级。

A. 三　　B. 四　　C. 五　　D. 六

201. 隧道 1 级预报可用于(　)地质灾害。

A. A　　B. B　　C. C　　D. D

202. 隧道 3 级预报可用于(　)地质灾害。

A. A　　B. B　　C. C　　D. D

203. 隧道长距离超前地质预报，预报距离一般在掌子面前方(　)。

A. 30m　　B. 30～200m　　C. 200m 以上　　D. 500m 以上

204. 隧道中距离超前地质预报，预报距离一般在掌子面前方(　)。

A. 30m　　B. 30～200m　　C. 200m 以上　　D. 500m 以上

205. 隧道短距离超前地质预报，预报距离一般在掌子面前方(　)。

A. 30m　　B. 30～200m　　C. 200m 以上　　D. 500m 以上

206. 地震反射波法、超声波反射法，需连续预报时，前后两次重叠长度应大于(　)。

A. 1m　　B. 2m　　C. 5m　　D. 10m

207. 红外探测每次预报有效探测距离宜为(　)。

A. 5m　　B. 10m　　C. 15m　　D. 20m

208. 隧道防水混凝土抗渗性能试验，6 个试件中有(　)个未出现最大水压值为合格。

A. 3　　B. 4　　C. 5　　D. 6

209. 隧道防水板铺设前，要求初期支护表面平整度满足（ ）。

A. $D/L \leqslant 1/2$　B. $D/L \leqslant 1/3$　C. $D/L \leqslant 1/5$　D. $D/L \leqslant 1/6$

210. 隧道防水板搭接缝焊接质量按充气法检查时，当压力表达到 0.25MPa 时停止充气保持 15min，压力下降在（ ）以内，焊缝质量合格。

A. 2%　B. 5%　C. 10%　D. 20%

211. 隧道墙体水平施工缝应设在高出底板面不小于（ ）墙体上。

A. 100mm　B. 200mm　C. 300mm　D. 500mm

212. 隧道沉降变形缝的最大允许沉降差值应符合设计规定，设计无规定时，不应大于（ ）。

A. 10mm　B. 20mm　C. 30mm　D. 50mm

213. 隧道变形缝处混凝土结构厚度不应小于（ ）。

A. 100mm　B. 200mm　C. 300mm　D. 500mm

214. 隧道止水带的接头应连接牢固，宜设在距铺底面不小于（ ）的边墙上。

A. 100mm　B. 200mm　C. 300mm　D. 500mm

215. 隧道止水带在转弯处应做成圆弧形，橡胶止水带的转角半径不应小于（ ）。

A. 100mm　B. 200mm　C. 300mm　D. 500mm

216. 隧道止水带在转弯处应做成圆弧形，钢片止水带的转角半径不应小于（ ）。

A. 100mm　B. 200mm　C. 300mm　D. 500mm

217. 隧道止水带的搭接宽度不应小于（ ）。

A. 100mm　B. 200mm　C. 300mm　D. 500mm

218. 隧道止水带冷粘或焊接的缝宽不应小于（ ）。

A. 10mm　B. 20mm　C. 30mm　D. 50mm

219. 隧道单孔防水分段注浆注浆量应不小于设计注浆量的（ ）。

A. 70%　B. 80%　C. 90%　D. 100%

220. 隧道防水注浆结束后，宜采取钻孔取芯法对注浆效果进行检查，检查孔的数量应不少于注浆孔总数的（ ）且不少于 3 个。

A. 2%　B. 3%　C. 5%　D. 10%

221. 隧道防水注浆结束后，宜采取钻孔取芯法对注浆效果进行检查，当检查孔出水量不大于（ ）注浆效果满足要求。

A. 0.1L/min　B. 0.5L/min　C. 1.0L/min　D. 2.0L/min

222. 隧道施工作业地段采用普通光源照明时，其平均照度应不小于（ ）。

A. 30lx　B. 15lx　C. 10lx　D. 6lx

223. 隧道开挖超前锚杆宜和钢架支撑配合使用，外插角宜为（ ）。

A. 1～2°　B. 5～10°　C. 5～20°　D. 5～30°

224. 隧道开挖超前小导管预注浆，导管外插角宜小于（ ）。

A. 5°　B. 10°　C. 15°　D. 20°

225. 隧道开挖超前预注浆，单孔注浆结束时要求进浆速度小于开始进浆速度的（ ）。

A. 1/2　B. 1/3　C. 1/4　D. 1/5

226. 隧道爆破作业应在上一循环喷射混凝土终凝不少于( )后进行。

A. 2h　B. 4h　C. 6h　D. 8h

227. 隧道冬季施工要求混凝土衬砌强度未达到( )前不得受冻。

A. 4MPa　B. 6MPa　C. 8MPa　D. 10MPa

228. 隧道混凝土衬砌严禁使用含氯化物的水泥,对于钢筋混凝土,氯化物含量不得超过水泥含量的( )。

A. 0.1%　B. 0.2%　C. 0.3%　D. 0.5%

229. 隧道混凝土衬砌严禁使用含氯化物的水泥,对于钢筋混凝土,潮湿环境下氯化物含量不得超过水泥含量的( )。

A. 0.1%　B. 0.2%　C. 0.3%　D. 0.5%

230. 隧道混凝土衬砌中总碱含量不得大于( )。

A. $1kg/m^3$　B. $2kg/m^3$　C. $3kg/m^3$　D. $5kg/m^3$

231. 隧道锚杆支护孔位偏差标准为( )。

A. ±10mm　B. ±20mm　C. ±40mm　D. ±50mm

232. 隧道锚杆支护钻孔深度偏差标准为( )。

A. ±10mm　B. ±20mm　C. ±40mm　D. ±50mm

233. 隧道钢筋网支护网格尺寸偏差标准为( )。

A. ±10mm　B. ±20mm　C. ±40mm　D. ±50mm

234. 隧道钢架支护安装间距偏差标准为( )。

A. ±10mm　B. ±20mm　C. ±40mm　D. ±50mm

235. 隧道中岩墙土压力监控量测,每 10～30m 一个量测断面,每个断面设置( )压力盒。

A. 2 个　B. 3 个　C. 4 个　D. 5 个

236. 隧道中岩墙围岩内位移监控量测,每 10～30m 一个量测断面,每个断面设置( )测点。

A. 2 个　B. 3 个　C. 4 个　D. 5 个

237. 隧道中岩墙围岩压力监控量测,每 10～30m 一个量测断面,每个断面设置( )压力盒。

A. 1 个　B. 2 个　C. 3 个　D. 4 个

238. 隧道中岩墙土压力监控量测,1～30 天内量测间隔时间为( )。

A. 1～2 次/天　B. 2～4 次/天　C. 1～3 次/天　D. 2～5 次/天

239. 隧道侧墙开挖采用马口跳槽法施工时,马口开挖长度不宜超过( )。

A. 2m　B. 4m　C. 6m　D. 5m

240. 隧道施工监控量测各项作业均应坚持到变形基本稳定后( )结束。

A. 5～10 天　B. 10～15 天　C. 15～20 天　D. 20～30 天

241. 隧道施工净空位移监控量测时,当位移速度大于 5mm/d 时,量测频率为( )。

A. 1～2 次/天　B. 2～3 次/天　C. 3～4 次/天　D. 4～5 次/天

242. 隧道施工净空位移监控量测时,当量测断面距开挖面距离为(0～1)倍开挖宽度时,量测频率为( )。

A. 1 次/天　　B. 2 次/天　　C. 3 次/天　　D. 4 次/天

243. 隧道掌子面使用风压应不小于(　)。

A. 0.1MPa　　B. 0.2MPa　　C. 0.5MPa　　D. 1.0MPa

244. 隧道非瓦斯施工供电应采用(　)三相五线系统。

A. 400/230V　　B. 400/220V　　C. 100/230V　　D. 100/220V

245. 隧道施工空气中的氧气含量在作业过程中应始终保持在(　)以上。

A. 17.5%　　B. 18.5%　　C. 19.5%　　D. 20.5%

246. 隧道施工噪声不应超过(　)。

A. 55db　　B. 65db　　C. 70db　　D. 90db

247. 瓦斯隧道装药爆破时，爆破地点 20m 内风流中瓦斯浓度必须小于(　)。

A. 0.5%　　B. 1.0%　　C. 1.5%　　D. 2.0%

248. 瓦斯隧道装药爆破时，总回风道风流中瓦斯浓度必须小于(　)。

A. 0.5%　　B. 0.75%　　C. 1.0%　　D. 1.25%

249. 瓦斯隧道装药爆破时，总回风道风流中瓦斯浓度必须小于(　)。

A. 0.5%　　B. 0.75%　　C. 1.0%　　D. 1.25%

250. 隧道混凝土衬砌，喷射混凝土每作业循环至少在拱部和边墙各制取试件(　)。

A. 1　　B. 2　　C. 3　　D. 4

二、判断题

1. 隧道衬砌开裂更多的是由于施工管理不当造成的。(　)

2. 地表注浆适用于浅埋松散破碎的地层。(　)

3. 隧道开挖，当围岩自稳时间在 12～24h 之间必须采用先支护后开挖的措施。(　)

4. 超前锚杆支护宜采用缓凝砂浆作为锚杆支孔壁的胶结物，以适应围岩变形。(　)

5. 注浆材料凝胶时间长的通常采用手持玻璃棒搅拌浆液，以手感觉不流动为止来测定。(　)

6. 超前小导管预注浆一般适用于大断面隧道注浆加固。(　)

7. 超前围岩深孔预注浆多用于断面较大和不允许有过大沉陷的各类地下工程。(　)

8. 隧道围岩注浆硬化后起到防水和加固双重作用。(　)

9. 围岩注浆用浆液，大于 0.1mm，称为化学浆液，小于 0.1mm 称悬浊液。(　)

10. 注浆材料的黏度将影响浆液的扩散半径、注浆压力、流量等参数。(　)

11. 注浆材料的渗透能力是指浆液固化后结石体透水性的高低。(　)

12. 水泥浆液可以渗入中、细、粗砂中。(　)

13. 注浆材料自身强度大者可以加固地层，小者仅能堵水。(　)

14. 水泥细度表示水泥颗粒粒径大小。(　)

15. 超前锚杆与钢架支撑配合使用时，应从钢架腹部穿过，中段与钢架焊接。(　)

16. 悬浊液的渗透能力取决于颗粒大小和黏度。(　)

17. 超前锚杆插入孔内的长度不得短于设计长度的 90%。(　)

18. 开挖是控制隧道施工工期和造价的关键工序。( )

19. 隧道超挖过多,只是增加工程造价,不会影响围岩稳定性。( )

20. 隧道开挖断面的规整度可以目测,而超欠挖侧需进行专门测量。( )

21. 隧道开挖应严格控制欠挖,尽量减少超挖。( )

22. 隧道开挖断面采用直接丈量法,是以第一次衬砌外墙面作为参照物。( )

23. 锚喷支护属于被动支撑,因此一般用于自稳时间短、初期变形大或对地表下沉降有严格限制的地层。( )

24. 对于管缝式锚杆,要求原材料应具有一定的弹性,使锚杆安装后管壁和孔壁紧密接触。( )

25. 锚杆钻孔深度可以用带有刻度的塑料管量测。( )

26. 锚杆应尽量与围岩壁面垂直,可采用目测法判定。( )

27. 锚杆拉拔力是锚杆材料、加工和施工好坏的综合反映。( )

28. 砂浆锚杆只要拉拔力合格,就说明砂浆灌注质量好。( )

29. 锚杆为一根空杆,超声波传播能量损失大,接受的反射波振幅较小。( )

30. 锚杆扭力扳手作用在螺母上的力矩取决于锚杆拉力大小。( )

31. 隧道施工中,保证喷射混凝土的厚度是确保喷射混凝土质量的前提。( )

32. 隧道喷射混凝土抗压强度不合格,应予以凿除重喷。( )

33. 喷射混凝土表面出现裂缝、脱落、露筋、渗漏水等情况时,应予以修补,凿除重喷或进行整治。( )

34. 喷射混凝土回弹物不得重新用作喷射混凝土材料。( )

35. 钢格栅支撑用钢筋采用Ⅰ级或Ⅱ级,直径一般不小于22mm。( )

36. U形钢支撑的压缩性特点可以在许多软岩隧道中得到广泛应用。( )

37. 隧道衬砌背后不密实,超声波反射信号同相轴呈绕射弧形,且不连续,较分散。( )

38. 良好的隧道排水与防水,是保证隧道耐久性和行车安全的重要条件。( )

39. 隧道防排水设计应对地表水、地下水妥善处理,洞内外应形成一个完整畅通的防排水系统。( )

40. 隧道防排水技术主要是以排为主,以防为辅。( )

41. 隧道排水主要是排出围岩中渗出的地下水。( )

42. 高分子防水卷材的取样方法:对于出厂合格的产品,同一生产厂家、同一品种、规格的产品3 000m为一批进行验收,不足3 000m也作为一批。( )

43. 高分子防水卷材从每批产品中的1~3卷中取样,在距端部300mm处截取约3m,用于厚度允许偏差、最小单个值检验和截取各项物理力学性能试验所需的样片。( )

44. 高分子防水卷材试样截取前,在温度20℃±2℃,相对湿度45%~55%的标准环境下进行状态调整,时间不少于16h。( )

45. 高分子防水卷材试样拉伸性能试验所用拉力试验机的分度值为2N,示值精度为±1%。( )

46. 高分子防水卷材试样拉伸性能试验,若试验断在标距外,则该试样作废。( )

47. 高分子防水卷材试样热老化处理试验程序,80℃±2℃的温度下恒温14d,标准环境调

节 24h，按外观、拉伸性能试验试验规定的方法进行检查和试验。（ ）

48. 对于防水卷材的外观质量、面积允许偏差、卷材中的允许接头数、卷材平直度、平整度、厚度允许偏差和最小单个值等 6 项要求，其中有 1 项不合格即为不合格卷材。（ ）

49. 防水卷材不合格卷材不多于 2 卷，且卷材的各项物理力学性能均符合要求时，判定为批合格。（ ）

50. 防水卷材如不合格卷为 2 卷或有 1 项物理力学性能不符合要求，则判定为该批不合格。如不合格卷为 2 卷，但有 2 卷出现同 1 项不合格，则仍判该批不合格。（ ）

51. 对于防水卷材判为不合格的批，允许在批中按规定重新加倍抽样，对不合格项目进行重检。如果仍有一组试样不合格，则判定为批不合格。（ ）

52. 土工织物每项试验取样的要求：试样应从样品长度与宽度方向随机取样，但距样品边缘至少 100mm；同一试验剪取两个以上的试样时，应在同一纵向和横向位置剪取。（ ）

53. 土工织物厚度一般指 1kPa 压力下的厚度测定值，在未明确规定压力时，可只对试样施加 1kPa±0.1kPa 的压力。（ ）

54. 土工织物条带拉伸试验的湿态试样，要求从水中取出到上机拉伸的时间间隔不大于 10min。（ ）

55. 土工织物刺破强度是反映土工织物抵抗小面积集中荷载的能力。（ ）

56. 顶破强度试验和刺破强度试验的压力面积相等。（ ）

57. 顶破强度试验和刺破强度试验的受力状态相同。（ ）

58. 在铺设防水板时，应注意为下阶段预留不少于 50cm 的搭接余量。（ ）

59. 隧道内应按地下水和运营清洗污水、消防污水分离排放的原则设置纵向排水系统，应能保证排水畅通，避免洞内积水。（ ）

60. 隧道渗漏水大部分与施工缝和沉降缝有关。（ ）

61. 隧道的受力特点与地面工程受力基本一致。（ ）

62. 隧道形成过程中自始至终存在受力状态的变化。（ ）

63. 隧道施工监控测点一般设置在距开挖工作面 2m 范围内，开挖后 24h 内，下次爆破前测取出读数。（ ）

64. 隧道内目测观测是新奥法监控量测中的必测项目。（ ）

65. 地表下沉是隧道必测项目。（ ）

66. 隧道周边位移量测作业应持续到变形基本稳定后 2～3 周结束。（ ）

67. 隧道周边位移是隧道围岩应力状态变化最直观的反映。（ ）

68. 锚杆轴力量测应在埋设后 24h 进行第一次观测。（ ）

69. 在岩体中，声波传播速度取决于岩体完整性程度。完整的波速一般较高，而在应力下降、裂隙扩展的松动区波速相对下降，因而在围岩压密区（应力升高区）和松动区之间会出现明显的波速变化。（ ）

70. 隧道开挖后其应力状态将不会发生变化。（ ）

71. 隧道施工监控由施工单位综合施工、地质、测试等方面的要求来完成。（ ）

72. 当前隧道量测数据广泛采用经验方法来实现反馈。（ ）

73. 隧道围岩类别低于 IV 类时需采用各种钢支撑进行支护。（ ）

74. 一般Ⅰ、Ⅱ类围岩采用格栅进行支护。( )

75. 隧道应力观测一般初期观测频率较低,后期观测频率较高。( )

76. 岩体风化、破碎、结构面发育,则波速高、衰减快、频率复杂。( )

77. 岩体的波速越高,表明岩体越坚硬,弹性性能越强,结构上越完整。( )

78. 锚杆轴向力检测可修正设计参数,评价锚杆支护质量。( )

79. 为测试隧道全断面围岩松弛范围,可在拱顶、拱腰和拱脚等5个部位埋设测试元件。( )

80. 拱顶混凝土层出现对称的、向下滑落的剪切破坏时,可能会引起塌方。( )

81. 隧道混凝土衬砌质量检测是控制衬砌混凝土施工质量的主要手段,不是评价运营隧道的衬砌现状。( )

82. 一般情况下,隧道二次衬砌应在围岩和初期支护变形基本稳定后施工。拱脚水平相对净空变化速度小于0.2mm/d。( )

83. 二次衬砌宜采用全断面一次或先墙后拱法浇筑混凝土。( )

84. 二次衬砌背后需填充注浆时,应预留注浆孔。( )

85. 仰拱施工应优先选择各段一次成型,避免分布浇筑。( )

86. 仰拱宜超前拱墙二次衬砌,其超前距离以保持2倍以上衬砌循环作业长度。( )

87. 对于承受围岩压力较小的拱、墙,封顶和封口混凝土要求达到设计强度70%方可拆除模板。( )

88. 隧道衬砌混凝土浇筑后要求内部温度与环境温度差不超过20℃,且混凝土的降温速率不应超过3℃/d。( )

89. 回弹法的检测面应为原状混凝土表面,并应清洁、平整,不应有疏松层。( )

90. 回弹法测强的误差比较大,因此对比较重要的构件或结构物强度检测必须慎重使用。( )

91. 回弹法对弹击时产生颤动的薄壁、小型构件应进行固定。( )

92. 回弹法测强度时,相邻两测区的间距不能小于2m,测区面积宜为400cm^2。( )

93. 混凝土碳化的主要危害是导致钢筋锈蚀。( )

94. 虽然厂家已经进行了出厂检验,新回弹仪在使用前也应该进行标定。( )

95. 回弹值的计算中,当测试混凝土底面时,也需进行角度的修正。( )

96. 采用回弹法测强时,全国统一测强曲线不适用于龄期超过1 000d的混凝土。( )

97. 使用混凝土超声检测仪可评定隧道混凝土强度。( )

98. 被测试的结构混凝土与测强曲线混凝土的条件越接近,回弹法所测的混凝土强度误差就越小。( )

99. 用回弹仪测定水泥混凝土强度时,混凝土碳化使混凝土表面回弹值变小。( )

100. 测定混凝土碳化深度值时,应先用水把凿成的孔洞冲洗干净后再测。( )

101. 在洛氏硬度为60±2的钢钻上,回弹仪的率定值应为70。( )

102. 当怀疑混凝土内外质量有明显差异时,可用回弹法检测。( )

103. 混凝土碳化对回弹测强有显著影响。( )

104. 超声仪上显示的时间是超声波在被测物体中的传播时间。( )

105. 在混凝土中,水泥石的强度及其与集料的黏结能力对混凝土强度起决定作用。( )

106. 根据声速的标准差和离散系数的大小,可以相对比较相同测距的同类结构混凝土质

量均匀性的优劣。（ ）

107. 在超声波测试混凝土内部缺陷时，钢筋轴线与声波传播方向平行时，钢筋对波速的影响不大。（ ）

108. 在用超声法检测混凝土构件缺陷时，混凝土与两具换能器接触面之间的声耦合是无关紧要的。（ ）

109. 混凝土表面与超声波换能器接触面之间的充分声耦合是很重要的。（ ）

110. 回弹值随碳化深度的增加而增大。（ ）

111. 超声波在混凝土内部的传播与混凝土的弹性模量成正比。（ ）

112. 对于湿混凝土，声波的传播速度比干燥混凝土传播快。（ ）

113. 在一般配筋情况下，当混凝土体积较大时，钢筋垂直于声波时对测量误差影响较小。（ ）

114. 采用激光断面仪检测衬砌厚度，衬砌背后应不存在空洞或离缝。（ ）

115. 单个构件取钻芯芯样抗压强度的最小值作为芯样抗压强度测定值。（ ）

116. 我国《公路隧道施工技术规范》中，仅对粉尘浓度、甲烷含量和一氧化碳浓度有规定要求。（ ）

117. 粉尘浓度常用质量测定。（ ）

118. 为保证测定粉尘的准确性，便于对比，要求在不同的测点，采取两种样品。（ ）

119. 滤膜测尘的准确性比较高，常采用两个平行样品的测定结果的平均值作为试验结果。（ ）

120. 我国《公路隧道施工技术规范》中，隧道施工中含 10% 以上游离二氧化硅的粉尘，不得大于 $4mg/m^3$。（ ）

121. 隧道内一氧化碳浓度的检测，在施工中没做要求，但在运营过程中有严格要求。（ ）

122. 在催化的作用下，瓦斯和氧气在较低温度下可发生强烈氧化。（ ）

123. 施工隧道内，一氧化碳浓度可为 $100mg/m^3$，但工作时间有限制。（ ）

124. 运营隧道内一氧化碳的浓度与隧道长度和隧道类型有关。（ ）

125. 人车混合通行的隧道，一氧化碳浓度为 $150ppm\times10^{-6}$。（ ）

126. 无论比色式还是比长式检知管，每只检知管只能使用一次。（ ）

127. AT2 型一氧化碳检测仪器利用控制电位电物理原理来测定。（ ）

128. 烟雾浓度可通过测定光线在烟雾中的透过率来确定。（ ）

129. 安全可见度指从驾驶员看到前方障碍物到采取制动汽车所行驶的距离。（ ）

130. 隧道内进行养护维修时，应按现场实际烟雾浓度不大于 $0.035m^{-1}$ 考虑。（ ）

131. 隧道风压是隧道通风的基本控制参数。（ ）

132. 确定断面的平均风速时，必须先测定各点的风速，然后计算其平均值。（ ）

133. 驾驶人的暗适应与明适应时间是相同的。（ ）

134. 在隧道照明中，路面亮度是最重要的技术指标。（ ）

135. 实验室检测主要对单个灯具的特性或质量进行检测，为设计提供依据。（ ）

136. 隧道照明的现场检测则主要对灯群照明下的路面亮度、照度和眩光参数进行检测。（ ）

137. 亮度对比越小越容易察觉障碍物。（ ）

138. 风流的全压即静压与动压的代数和。（ ）

139. 隧道内风速越大越好。( )
140. 路面亮度越高,眼睛的对比灵敏度越好。( )
141. 隧道照明设施是根据车速设计的。( )
142. 纵向照度曲线反映洞内沿隧道中线照度的变化规律。( )
143. 失能眩光表示由生理眩光导致辨别能力降低的一种度量。( )
144. 不舒适眩光表示由生理眩光导致辨别能力降低的一种度量。( )

三、多项选择题

1. 公路隧道的特点包括( )。
A. 断面大
B. 形状偏平
C. 需运营通风
D. 需运营照明
E. 防水要求高
2. 公路隧道常见的质量问题包括( )。
A. 隧道渗漏
B. 衬砌开裂
C. 界限受侵
D. 衬砌与围岩不密实
E. 通风和照明不良
3. 隧道检测包括( )。
A. 材料检测
B. 施工检测
C. 环境检测
D. 通风照明检测
E. 安全检测
4. 隧道支护材料包括( )。
A. 锚杆 B. 喷射混凝土 C. 钢构件 D. 注浆 E. 防水混凝土
5. 隧道防水材料包括( )。
A. 高分子合成卷材
B. 注浆材料
C. 排水管
D. 防水混凝土
E. 衬砌
6. 隧道施工质量检测包括( )。
A. 超前支护与预加固
B. 开挖
C. 初期支护
D. 防排水
E. 衬砌混凝土
7. 隧道超前锚杆质量检测实测项目要求正确的是( )。
A. 长度不短于设计长度的 90%
B. 锚杆搭接长度不小于 1m
C. 锚杆从刚架前端穿过
D. 锚杆从刚架腹部穿过
E. 锚杆外插角宜为 5°~10°
8. 隧道衬砌混凝土检测包括( )。
A. 几何尺寸
B. 混凝土强度
C. 混凝土完整性
D. 混凝土裂缝

E. 衬砌内部钢筋

9. 隧道施工监控量测的内容包括（ ）。

A. 通风　　B. 照明

C. 衬砌受力　　D. 围岩变形

E. 支护受力

10. 隧道运营环境监测包括（ ）。

A. CO 浓度　　B. CH_4　　C. 粉尘　　D. 烟尘　　E. 风速

11. 为防止围岩丧失稳定产生坍塌，冒顶，当隧道遇到不良地段时，可采用（ ）进行超前支护和预加固。

A. 地表砂浆锚杆　　B. 地表注浆加固

C. 超前锚杆　　D. 超前小导管预注浆

E. 超前围岩深孔预注浆

12. 围岩注浆材料的技术指标包括（ ）。

A. 黏度　　B. 渗透能力

C. 凝胶时间　　D. 渗透系数

E. 抗压强度

13. 超前锚杆加固围岩实测项目包括（ ）。

A. 孔位　　B. 长度　　C. 钻孔深度　　D. 孔径　　E. 抗拔力

14. 注浆效果检查的方法有（ ）。

A. 实验法　　B. 分析法

C. 检查孔法　　D. 声波监测法

E. 回流法

15. 对于浅埋洞口地段和某些偏压地段，隧道一般采用（ ）支护方式。

A. 地表注浆加固　　B. 管棚钢架超前支护

C. 超前小导管预注浆　　D. 超前围岩深孔预注浆

E. 地表砂浆锚杆

16. 隧道在开挖前或开完中常采用（ ）辅助施工方法以增强隧道围岩稳定。

A. 地表注浆加固　　B. 管棚钢架超前支护

C. 超前小导管预注浆　　D. 超前围岩深孔预注浆

E. 地表砂浆锚杆

17. 超前钢管实测项目包括（ ）。

A. 孔形　　B. 孔径　　C. 孔位　　D. 钻孔孔深　　E. 长度

18. 隧道注浆材料应满足以下（ ）要求。

A. 渗透力强　　B. 流动性小

C. 体积不收缩　　D. 稳定性好

E. 不污染环境

19. 隧道辅助施工方法质量检测的项目包括（ ）。

A. 基本要求　　B. 实测项目

C. 外观鉴定　　D. 内业资料

E. 人员资质

20. 隧道开挖的质量评定包括（　）。

A. 断面的规整度　　B. 开挖顺序

C. 开挖方式　　D. 超欠挖控制

E. 开挖时间

21. 隧道开挖的基本要求是（　）。

A. 断面尺寸符合要求　　B. 严格控制欠挖

C. 尽量减少超挖　　D. 严格控制超挖

E. 尽量减少欠挖

22. 隧道开挖超欠挖测定的方法有（　）。

A. 直接测量法　　B. 直角坐标法

C. 三维近景摄影法　　D. 超声波法

E. 目测法

23. 激光断面仪法可应用于检测（　）。

A. 开挖断面质量控制　　B. 初期支护喷射混凝土

C. 衬砌混凝土强度　　D. 二次衬砌断面轮廓

E. 二次衬砌断面厚度

24. 隧道爆破效果要求包括（　）。

A. 开挖面圆顺、平整　　B. 爆破进尺达到设计要求

C. 周边炮痕迹保存率满足要求　　D. 炮眼台阶形误差满足要求

E. 光面爆破效果满足要求

25. 隧道初期支护的形式有（　）。

A. 锚杆支护　　B. 喷射混凝土支护

C. 喷射混凝土与钢筋网联合支护　　D. 喷射钢纤维混凝土支护

E. 钢架联合支护

26. 锚杆起到（　）。

A. 支撑作用　　B. 组合梁作用

C. 加固拱作用　　D. 悬吊作用

E. 挤密作用

27. 喷射混凝土起到（　）。

A. 加固作用　　B. 支撑作用

C. 填补作用　　D. 黏结作用

E. 封闭作用

28. 锚杆加工后质量检验包括（　）。

A. 原材料　　B. 规格　　C. 加工质量　　D. 焊接　　E. 间距

29. 锚杆材料检查包括（　）。

A. 抗拉强度　　B. 抗压强度

C. 延展性　　D. 弹性

E. 可焊性

30. 锚杆安装尺寸检查包括（　）。

A. 位置　　B. 方向　　C. 深度　　D. 孔径　　E. 孔形

31. 喷射混凝土质量检验指标包括（　）。

A. 强度　　B. 厚度　　C. 变形　　D. 压缩模量　　E. 抗渗性

32. 影响喷射混凝土强度的因素包括（　）。

A. 原材料　　B. 岩体性质

C. 气候　　D. 地下水

E. 施工作业

33. 影响喷射混凝土厚度的因素包括（　）。

A. 爆破效果　　B. 回弹率

C. 施工管理　　D. 喷射参数

E. 气候

34. 喷射混凝土抗压试块制作方法有（　）。

A. 钻芯法　　B. 喷大板切割法

C. 凿方切割法　　D. 浇筑成型法

E. 模筑法

35. 隧道钢支撑包括（　）。

A. 钢格栅　　B. 型钢支撑

C. 钢管支撑　　D. 木支撑

E. 竹支撑

36. 隧道钢支撑加工质量检测包括（　）。

A. 尺寸　　B. 强度　　C. 刚度　　D. 焊接　　E. 变形

37. 隧道钢支撑安装质量检测包括（　）。

A. 尺寸　　B. 强度

C. 倾斜度　　D. 连接与固定

E. 变形

38. 地质雷达探测隧道衬砌厚度介质参数标定方法有（　）。

A. 在已知厚度部位测量　　B. 在预制构件上测量

C. 使用双天线直达波法测量　　D. 钻孔实测

E. 理论推算

39. 喷射混凝土的喷射工艺有（　）。

A. 干喷　　B. 湿喷　　C. 潮喷　　D. 水喷　　E. 粉喷

40. 喷射混凝土强度包括（　）。

A. 抗压强度　　B. 抗折强度

C. 抗剪强度　　D. 疲劳强度

E. 黏结强度

41. 隧道防排水的基本原则包括(　)。

A. 防　B. 排　C. 堵　D. 截　E. 渗

42. 隧道防排水的类型包括(　)。

A. 引导型　B. 水密型　C. 泄水型　D. 控制型　E. 渗透型

43. 隧道高分子防水卷材性能指标包括(　)。

A. 拉伸强度　B. 断裂伸长率

C. 不透水性　D. 低温弯折性

E. 热处理尺寸变化率

44. 土工织物具有(　)特性。

A. 过滤　B. 排水　C. 隔离　D. 加筋　E. 防渗

45. 土工织物的机械性能包括(　)。

A. 抗拉强度及延伸率　B. 握持强度及延伸率

C. 抗撕裂强度　D. 顶破强度

E. 刺破强度

46. 土工织物的反滤三准则是(　)。

A. 保水性　B. 保土性　C. 渗水性　D. 防水性　E. 防堵性

47. 隧道排水系统包括(　)。

A. 环向排水管　B. 纵向排水盲管

C. 横向盲管　D. 中央排水管

E. 渗井

48. 在隧道防排水采用的高分子卷材主要有(　)。

A. ECB　B. EVA　C. HDPE　D. LDPE　E. DHPE

49. 防水卷材铺设工艺有(　)。

A. 无钉热合铺设法　B. 有钉热合铺设法

C. 有钉冷黏铺设法　D. 无钉冷黏铺设法

50. 隧道施工监控量测的任务包括(　)。

A. 确保安全　B. 指导施工

C. 修正设计　D. 节省投资

E. 积累资料

51. 隧道施工监控量测的必测项目包括(　)。

A. 地质与支护状况　B. 周边位移

C. 拱顶下沉　D. 锚杆拉拔力

E. 地表下沉

52. 隧道锚杆量测方法有(　)。

A. 电阻应变片测力锚杆　B. 机械式测力锚杆

C. 钢弦式测力锚杆　D. 钢弦式压力盒

E. 位移计

53. 隧道围岩声波测试项目包括(　)。

A. 地质剖面　　B. 岩体力学参数
C. 围岩稳定状态　　D. 判定围岩分类等级
E. 围岩走向

54. 隧道围岩量测数据主要内容包括（　）。
A. 位移、应力、应变时态曲线　　B. 位移、应力、变速率时态曲线
C. 位移、应力、应变空间曲线　　D. 位移、应力、应变深度曲线
E. 接触应力横断面分布图

55. 可以用以指导施工管理的量测内容有（　）。
A. 最大位移值　　B. 位移速率
C. 位移时态曲线　　D. 位移空间曲线
E. 接触应力横断面分布图

56. 拱顶下沉量测的目的是（　）。
A. 确认围岩稳定性　　B. 判断支护效果
C. 指导施工　　D. 预防拱顶崩塌
E. 保证施工质量和安全

57. 地表下沉量测内容包括（　）。
A. 地表下沉范围
B. 地表下沉量值
C. 地表及地中下沉随工作面推进的规律
D. 地表及地中下沉稳定的时间
E. 地表及地中下沉的时间

58. 钢弦压力盒性能试验包括（　）。
A. 钢弦抗滑性能试验　　B. 密封防潮试验
C. 稳定性试验　　D. 重复性试验
E. 可靠性试验

59. 混凝土应力量测的目的是（　）。
A. 了解混凝土的变形特性以及混凝土的应力状态
B. 掌握喷层所受应力的大小，判断喷层稳定状况
C. 判断支护结构长期使用的可靠性以及安全程度
D. 检验二次衬砌设计的合理性
E. 积累资料

60. 隧道混凝土衬砌常见质量问题有（　）。
A. 混凝土开裂　　B. 混凝土强度不够
C. 混凝土厚度不够　　D. 钢筋锈蚀
E. 背后存在空洞

61. 隧道衬砌从结构形式上分有（　）衬砌。
A. 复合式　　B. 整体式
C. 明洞　　D. 强制拼装

E. 喷射混凝土

62. 衬砌混凝土施工期间质量检查包括(　)。

A. 施工条件　　B. 浇筑质量

C. 拆模　　D. 养护

E. 明洞回填

63. 隧道衬砌施工条件包括(　)。

A. 开挖轮廓线　　B. 围岩稳定

C. 地基承载力　　D. 作业空间

E. 施工设备

64. 隧道衬砌浇筑前对模板的检查项目包括(　)。

A. 刚度　　B. 外形　　C. 尺寸　　D. 位置　　E. 挡头

65. 影响回弹法测量精度的因素有(　)。

A. 原材料　　B. 成型方法

C. 养护方法　　D. 碳化及龄期

E. 表面缺陷

66. 影响超声波法测量精度的因素有(　)。

A. 横向尺寸　　B. 湿度和温度

C. 集料性质　　D. 水灰比

E. 龄期

67. 隧道衬砌厚度常用的检测方法有(　)。

A. 直接测量法　　B. 冲击—回波法

C. 超声发射法　　D. 激光断面仪法

E. 地质雷达法

68. 隧道衬砌内部缺陷常用的检测方法有(　)。

A. 水压法　　B. 超声波法

C. 钻孔取芯法　　D. 地质雷达法

E. 红外成像法

69. 地质雷达法可检测混凝土衬砌背后的(　)。

A. 空洞　　B. 厚度变化

C. 钢架分布　　D. 钢筋分布

E. 混凝土强度

70. 隧道通风检测的内容有(　)。

A. 粉尘浓度测定　　B. 瓦斯测定

C. 一氧化碳测定　　D. 二氧化碳测定

E. 烟雾浓度测定

71. 滤膜测尘法中滤膜的优点是(　)。

A. 电荷性　　B. 憎水性

C. 吸水性　　D. 耐酸性

E. 阻尘率高、阻力小、质量轻

72. 隧道施工通风是将（　）排到洞外，为施工人员输送新鲜空气。

A. 炮烟　　B. 运输车辆排放的废气

C. 施工过程中产生的粉尘　　D. 一氧化碳

E. 二氧化碳

73. 柴油车排烟量与（　）有关。

A. 车型　　B. 车重

C. 车速　　D. 路面坡度

E. 交通量

74. 高等级公路上的隧道照明设施就是根据（　）的适应能力而设计的。

A. 车速　　B. 驾驶人的视觉

C. 舒适程度　　D. 施工要求

E. 经济条件

75. 综合考虑安全和经济两个方面，隧道白天照明被划分为（　）四个区段。

A. 入口段　B. 过渡段　C. 渐变段　D. 中间段　E. 出口段

76. 隧道的眩光参数有（　）。

A. 失能眩光　　B. 不舒适眩光

C. 舒适眩光　　D. 有能眩光

E. 生理眩光

77. 隧道光度检测的内容包括（　）。

A. 照度　B. 光强　C. 眩光参数　D. 光通量　E. 亮度

78. 亮度参数有（　）。

A. 路面平均亮度　　B. 路面亮度均匀度

C. 照度　　D. 眩光参数

E. 眩光等级

79. 隧道施工应符合（　）。

A. 技术先进　　B. 生产安全

C. 环境保护　　D . 经济合理

E. 快速高效

80. 山岭公路隧道施工方法包括（　）。

A. 盾构法　　B. 矿山法

C. 掘进机法　　D. 盖挖法

E. 地下连续墙法

81. 浅埋及软土隧道施工方法包括（　）。

A. 明挖法　　B. 盾构法

C. 掘进机法　　D. 盖挖法

E. 地下连续墙法

82. 水底隧道施工方法包括（　）。

A. 明挖法　B. 盾构法　C. 掘进机法　D. 盖挖法　E. 沉管法

83. 为保证隧道施工的安全性，应做好（ ），实施动态管理。

A. 地质勘探　　B. 地质预报

C. 地质预测　　D. 施工监控量测

E. 地质调查

84. 在编制隧道施工组织设计时，应考虑（ ），确定合理的施工方法和施工进度。

A. 隧道长度　　B. 隧道宽度

C. 工期要求　　D. 地质条件

E. 当地自然条件

85. 隧道洞口分项工程包括（ ）。

A. 边、仰坡土石工程　　B. 边墙

C. 翼墙　　D. 洞口排水

E. 挡墙

86. 浅埋段隧道施工为控制围岩变形，可采取以下技术措施（ ）。

A. 短进尺、弱爆破、早支护　　B. 敷设拱脚锚杆，提高拱脚围岩承载力

C. 及时施工仰拱　　D. 地表预注浆结合洞内环形固结注浆

E. 大进尺、弱爆破、早支护

87. 隧道开挖方法有（ ）。

A. 全断面法　　B. 台阶法

C. 中隔壁法　　D. 中导洞法

E. 双侧壁导坑法

88. 隧道钻爆设计内容包括（ ）。

A. 炮眼设计　　B. 装药量

C. 装药结构　　D. 起爆方法

E. 爆破顺序

89. 隧道开挖支护方式包括（ ）。

A. 喷射混凝土　　B. 锚杆　　C. 钢筋网　　D. 钢架　　E. 组合支护

90. 隧道涌水处理可采用（ ）。

A. 超前围岩预注浆堵水　　B. 开挖后补注浆堵水

C. 超前钻孔排水　　D. 坑道排水

E. 井点降水

91. 隧道不良地质和特殊岩土地段包括（ ）。

A. 膨胀岩土　　B. 黄土　　C. 岩溶　　D. 含水沙层　　E. 岩爆

92. 隧道喷射混凝土喷射厚度应满足（ ）。

A. 平均厚度≥设计厚度　　B. 检查点的 90%≥设计厚度

C. 最小厚度≥0.6 设计厚度　　D. 最小厚度≥50mm

E. 最小厚度≥0.5 设计厚度岩爆

93. 隧道锚杆支护锚拔力应满足（ ）。

A. 拔力平均值≥设计值　　B. 最小拔力≥90%设计值

C. 拔力平均值≥1.2设计值　　D. 最小拔力≥80%设计值

E. 拔力平均值≥1.1设计值

94. 隧道喷射混凝土施工质量检测项目包括(　)。

A. 强度　　B. 厚度　　C. 空洞检查　　D. 位置　　E. 轴线偏位

95. 隧道锚杆支护施工质量检测项目包括(　)。

A. 锚杆数量　　B. 锚拔力　　C. 孔位　　D. 钻孔深度　　E. 锚杆长度

96. 隧道钢架支护施工质量检测项目包括(　)。

A. 安装间距　　B. 净保护层厚度

C. 倾斜度　　D. 安装偏差

E. 拼装偏差

97. 隧道混凝土衬砌施工质量检测项目包括(　)。

A. 强度　　B. 边墙平面位置

C. 拱部高程　　D. 衬砌厚度

E. 表面平整度

98. 隧道衬砌钢筋施工质量检测项目包括(　)。

A. 主筋间距　　B. 两层钢筋间距

C. 箍筋间距　　D. 搭接长度

E. 保护层厚度

99. 隧道施工监控量测必测项目包括(　)。

A. 地表下沉　　B. 围岩体内位移

C. 拱顶下沉　　D. 周边位移

E. 洞内外观察

100. 隧道超前锚杆施工监测项目包括(　)。

A. 长度　　B. 孔位　　C. 钻孔深度　　D. 孔径　　E. 倾斜度

四、问答题

1. 简述隧道围岩注浆材料有哪些要求。
2. 简述超前锚杆有哪些基本要求、应检查哪些内容。
3. 简述超前钢管有哪些基本要求、应检查哪些内容。
4. 试列举两种检查注浆效果的方法。
5. 简述隧道超欠挖测定方法。
6. 简述隧道激光断面仪的原理及测设方法。
7. 简述空中千斤顶检测锚杆拉拔力的基本步骤。
8. 简述采用锚杆检测仪检测砂浆注满度的方法。
9. 简述反射波法检测砂浆锚杆砂浆注满度的检测原理。
10. 简述减少喷射混凝土回弹的措施有哪些。
11. 简述地质雷达探测衬砌背部空洞的原理及方法。

12. 有 20 组喷射混凝土试块，设计强度为 25MPa，其在标准养护 28d 实测抗压强度见下表，试进行施工质量评判（单位：MPa）。

30.2	28.6	31.5	29.7	29.2	29.0	31.7	32.8	33.4	35.1
26.8	29.5	29.6	34.2	33.5	30.8	30.1	24.8	36.6	27.9

13. 有 9 组喷射混凝土试块，设计强度为 25MPa，其在标准养护 28d 实测抗压强度见下表，试进行施工质量评判（单位：MPa）。

26.8	29.5	29.6	34.2	33.5	30.8	30.1	22.8	26.6

14. 隧道渗漏水主要病害表现有哪些？高速公路、隧道防排水应满足哪些要求？
15. 简述高分子防水卷材采用不透水仪进行抗渗性试验的程序及评定方法。
16. 简述高分子防水卷材采用不透水仪进行抗穿孔性试验的试验程序及评定方法。
17. 简述土工布顶破强度试验的步骤。
18. 简述隧道防水混凝土的一般要求。
19. 简述混凝土抗渗性试验试件制备的要求及抗渗性试验的试验步骤。
20. 隧道防水层基面铺设的基本要求有哪些？无钉热合铺设法安装施工程序有哪些？
21. 简述围岩声波测试量测原理、测试仪器、围岩声波测试项目及其测试方法。
22. 简述回弹仪法检测混凝土强度的基本原理和检测步骤。
23. 简述超声波法检测混凝土强度的基本原理和检测步骤。
24. 某隧道衬砌结构为一次喷护 15cm 厚混凝土和二次模注 30cm 厚混凝土复合衬砌，两次混凝土之间有一层柔性防水层。用超声平测法测得超声波速为 4 200m/s，用冲击—回波法测定其平均峰值频率为 6.8kHz。简述采用冲击—回波法测定隧道衬砌厚度的基本原理并分析该隧道衬砌厚度是否满足设计要求。
25. 简述采用滤膜测尘法检测隧道内粉尘浓度的原理与测定过程。
26. 某隧道一段区域内最低亮度为 $52cd/m^2$，该区域平均亮度为 $60cd/m^2$；隧道路面中线上的最大亮度为 $72cd/m^2$，最小亮度为 $55cd/m^2$。试确定该隧道的亮度总均匀度和亮度纵向均匀度。
27. 简述隧道初期支护后如果出现大面积渗漏水时将如何处理？
28. 简述隧道供风高压风管路的安装使用要求。
29. 简述隧道锚杆安装前应检查哪些项目。
30. 简述隧道软弱围岩爆破后应满足的基本要求。
31. 简述隧道衬砌喷射混凝土施工前应做好哪些准备工作。
32. 简述隧道衬砌喷射混凝土作业的基本规定有哪些。

第二部分　练习题答案

一、单项选择题

1. D　2. A　3. C　4. D　5. B　6. A　7. A　8. B　9. C　10. B
11. C　12. D　13. B　14. D　15. B　16. B　17. C　18. C　19. B　20. C
21. B　22. C　23. A　24. B　25. C　26. B　27. D　28. C　29. B　30. B
31. A　32. D　33. A　34. C　35. C　36. C　37. C　38. B　39. A　40. B
41. B　42. C　43. B　44. B　45. B　46. A　47. C　48. B　49. A　50. A
51. D　52. C　53. C　54. A　55. D　56. D　57. B　58. A　59. C　60. D
61. A　62. C　63. D　64. D　65. D　66. A　67. D　68. C　69. B　70. D
71. D　72. A　73. B　74. C　75. D　76. D　77. A　78. A　79. D　80. C
81. B　82. D　83. D　84. B　85. B　86. C　87. C　88. A　89. A　90. B
91. C　92. C　93. D　94. B　95. A　96. C　97. B　98. B　99. B　100. A
101. B　102. C　103. C　104. B　105. B　106. C　107. C　108. D　109. D　110. C
111. C　112. B　113. C　114. C　115. C　116. C　117. A　118. B　119. A　120. D
121. C　122. C　123. A　124. A　125. B　126. D　127. A　128. B　129. A　130. D
131. A　132. C　133. B　134. C　135. B　136. C　137. A　138. C　139. D　140. A
141. B　142. A　143. B　144. C　145. D　146. C　147. A　148. B　149. C　150. D
151. A　152. B　153. C　154. A　155. B　156. C　157. D　158. B　159. A　160. A
161. B　162. A　163. A　164. B　165. D　166. D　167. C　168. B　169. A　170. C
171. A　172. C　173. D　174. D　175. A　176. C　177. D　178. B　179. D　180. D
181. C　182. C　183. C　184. D　185. B　186. C　187. B　188. D　189. C　190. B
191. D　192. B　193. B　194. B　195. A　196. B　197. C　198. B　199. C　200. B
201. A　202. C　203. C　204. B　205. A　206. C　207. B　208. B　209. D　210. C
211. C　212. C　213. C　214. C　215. B　216. C　217. A　218. D　219. B　220. C
221. C　222. A　223. C　224. B　225. C　226. B　227. B　228. C　229. A　230. C
231. D　232. D　233. A　234. D　235. B　236. A　237. A　238. A　239. B　240. C
241. B　242. B　243. C　244. A　245. C　246. D　247. D　248. B　249. B　250. A

二、判断题

1. ✓　2. ×　3. ✓　4. ×　5. ×　6. ×　7. ✓　8. ✓　9. ×　10. ✓
11. ×　12. ×　13. ✓　14. ×　15. ×　16. ×　17. ×　18. ✓　19. ×　20. ✓

21. ✓ 22. × 23. × 24. ✓ 25. ✓ 26. ✓ 27. ✓ 28. × 29. × 30. ×
31. ✓ 32. × 33. ✓ 34. ✓ 35. ✓ 36. ✓ 37. ✓ 38. ✓ 39. ✓ 40. ×
41. × 42. × 43. ✓ 44. × 45. ✓ 46. ✓ 47. × 48. × 49. ✓ 50. ✓
51. ✓ 52. ✓ 53. × 54. ✓ 55. ✓ 56. × 57. × 58. ✓ 59. ✓ 60. ✓
61. × 62. ✓ 63. ✓ 64. ✓ 65. × 66. ✓ 67. ✓ 68. ✓ 69. ✓ 70. ×
71. × 72. ✓ 73. ✓ 74. × 75. × 76. × 77. ✓ 78. ✓ 79. × 80. ✓
81. ✓ 82. ✓ 83. ✓ 84. ✓ 85. ✓ 86. × 87. ✓ 88. ✓ 89. ✓ 90. ✓
91. ✓ 92. ✓ 93. ✓ 94. ✓ 95. ✓ 96. ✓ 97. × 98. ✓ 99. × 100. ×
101. × 102. × 103. ✓ 104. × 105. ✓ 106. ✓ 107. × 108. × 109. ✓ 110. ×
111. ✓ 112. ✓ 113. ✓ 114. ✓ 115. × 116. × 117. ✓ 118. × 119. ✓ 120. ×
121. × 122. × 123. ✓ 124. ✓ 125. × 126. ✓ 127. × 128. × 129. ✓ 130. ✓
131. ✓ 132. ✓ 133. × 134. ✓ 135. ✓ 136. ✓ 137. × 138. ✓ 139. × 140. ✓
141. × 142. × 143. ✓ 144. ×

三、多项选择题

1. ABCDE 2. ABCDE 3. ABC 4. ABC 5. ABCD
6. ABCDE 7. ABDE 8. ABCDE 9. CDE 10. ADE
11. ABCDE 12. ABCDE 13. ABCD 14. BCD 15. AD
16. ABCDE 17. BCDE 18. ACDE 19. ABC 20. AD
21. ABC 22. ABC 23. ABDE 24. ABCDE 25. ABCDE
26. BCD 27. BCDE 28. ABC 29. ACD 30. ABCDE
31. AB 32. AE 33. ABCD 34. BC 35. ABC
36. ABCD 37. ACD 38. ABCD 39. ABC 40. ACDE
41. ABCD 42. BCD 43. ABCDE 44. ABCDE 45. ABCDE
46. BCE 47. ABCD 48. ABC 49. AC 50. ABCE
51. ABCD 52. ABC 53. ABCD 54. ABCDE 55. ABC
56. ABCDE 57. ABCD 58. ABCD 59. ABCDE 60. ABCDE
61. ABC 62. ABCDE 63. ABC 64. ABCDE 65. ABCDE
66. ABCDE 67. ABCDE 68. ABCDE 69. ABCD 70. ABCE
71. ABDE 72. ACD 73. BCD 74. AB 75. ABDE
76. AB 77. ABDE 78. AB 79. ABCD 80. BC
81. ABDE 82. BE 83. BCD 84. ABCDE 85. ABCD
86. ABCD 87. ABCDE 88. ABCDE 89. ABCDE 90. ABCDE
91. ABCDE 92. ABDE 93. AB 94. AB 95. ABCDE
96. ABCDE 97. ABCDE 98. ABCDE 99. ACDE 100. ABCD

四、问答题

1. 隧道围岩注浆材料的要求：

(1)浆液黏度低、渗透力强、流动性好、能进入细小裂隙和粉、细砂层。

(2)可调节并准确控制浆液的凝固时间，以避免浆液流失，达到定时注浆之目的。

(3)浆液凝固时体积不收缩，能牢固黏结砂石；浆液结合率高，强度大。

(4)浆液稳定性好，长期存放不变质，便于保存运输，货源充足，价格低廉。

(5)浆液无毒，无臭，不污染环境，对人体无害，分易燃、易爆之物。

2. 超前锚杆的基本要求：

(1)锚杆材质、规格等应符合设计和规范要求。

(2)超前锚杆与隧道轴线外插角宜为5°～10°，长度应大于循环进尺，宜为3～5m。

(3)超前锚杆与钢架支撑配合使用时，应从钢架腹部穿过，尾端与钢架焊接。

(4)锚杆插入孔内的长度不得短于设计长度的95％。

(5)锚杆搭接长度应不小于1m。

检查的内容：长度、孔位、钻孔深度、孔径。

3. 超前钢管的基本要求：

(1)钢管的型号、规格、质量等应符合设计和规范要求；

(2)超前钢管与钢支架配合使用时，应从钢架腹部穿过，尾端与钢架焊接。

检测内容包括：长度、孔位、钻孔深度、孔径。

4. 检查注浆效果的方法：

注浆效果的检查方法通常有三种，分别为分析法、检查孔法和声波监测法。

(1)分析法：分析注浆记录，查看注浆压力、注浆量是否达到设计要求；注浆过程中漏浆、跑浆是否严重，以浆液注入量估算浆液扩散半径，分析是否与设计相符。

(2)检查孔法：用钻机按设计孔位和角度钻检查孔，提取芯样鉴定；同时测定孔内的吸水量。

(3)声波监测法：用声波探测仪测量注浆前后岩体声速、振幅及衰减系数来判断注浆效果。

5. 隧道超欠挖测定方法有三种：直接测量法、直角坐标法、三维近应景摄影法。

(1)直接测量法。在二次衬砌立模后，以内模为参照物，从内模量至围岩壁的数据加上内净空即为开挖断面尺寸。以某长度段内所有的实测数据的综合计算进行分析评价。

(2)直角坐标法。基本原理：用经纬仪量测开挖断面各变化点的水平角及竖直角，根据已知置镜点与被测断面的距离、仪器高程、开挖断面底板高程，利用几何关系，计算各测点距坐标原点的纵横坐标，按一定比例画出断面图形，同设计断面比较得超欠挖情况。

方法：将激光打点仪置于被测断面，照准隧道中线方向，拨90°角固定水平盘，使各点处于同一断面上，利用其发出的激光束照准开挖断面各变化点；同时在距被测断面一定距离设置另一经纬仪，测量各点水平角及竖直角。用水准仪量测经纬仪高程，用钢尺丈量置镜点间距，计算各测点坐标值并绘图。

6. 隧道激光断面仪的原理：

采用极坐标法。以某物理方向(例如水平方向)为起始方向，按一定间距(角度与距离)依次一一测定仪器旋转中心与实际开挖轮廓线的交点之间的矢径(距离)及该矢径与起始方向之间的夹角,将这些矢径端点依次相连即可得到实际开挖轮廓线。通过洞内的施工控制导线可以获得断面仪的定点定向数据,在计算软件的帮助下可自动完成实际开挖轮廓线与设计开挖轮廓线的空间三维匹配,并可输出各个测点与相应设计开挖轮廓线之间的超欠挖值(距离、面积)。如果沿隧道轴线按一定间隔测量数个断面,还可算出实际开挖方量、超挖方量、欠挖方量。

测设方法:

(1)将断面仪放置于被测断面的位置;安装仪器。

(2)设置参数,输入设计断面形状、隧道轴线、平面、纵面设计参数以及断面仪实测时的定向参数。

(3)测点设置并扫描断面,记录数据(此过程仪器可自动完成)。

(4)获得实际开挖轮廓线与设计开挖轮廓线的三维匹配图形以及断面上某点的超欠挖数值。

7.空中千斤顶检测锚杆拉拔力所需设备为中空千斤顶、手动油压泵、油压表、千分表。

检测步骤为:

(1)根据试验目的,在隧道围岩指定部位钻锚杆孔。

(2)按正常的安装工艺安装待测锚杆。

(3)根据锚杆的种类和试验目的确定拉拔时间。

(4)在锚杆尾部加上垫板,套上中空千斤顶,将锚杆外端与千斤顶内缸固定在一起,并装设位移量测设备与仪器。

(5)通过手动油压泵加压,从油压表读取油压,根据活塞面积换算锚杆承受的拉拔力。

8.采用锚杆检测仪检测砂浆注满度的方法:

首先,在施工现场按设计参数,对不同类型的围岩,各设3~4组标准锚杆,每组1~2根。然后,在这些标准锚杆上测定反射波振幅值,这些值即作为检测其他锚杆的标准。这些标准值在进行其他锚杆的检测前储入仪器,在检测其他锚杆时可由测量仪器自动显示被测锚杆的长度与砂浆密实度的级别。

9.反射波法检测砂浆锚杆砂浆注满度的检测原理:

在锚杆体外端发射一个超声波脉冲,它沿杆体钢筋以管道波形式传播,到达钢筋底端后反射,在杆体外端可以接收到此反射波。如果钢筋外密实、饱满地由水泥砂浆包裹,砂浆又与周围岩体黏结,则超声波在传播的过程中,不断地从钢筋通过砂浆向岩体扩散,能量损失很大,在杆体外端测得的反射波的振幅很小,甚至测不到;如果钢筋无水泥砂浆包裹,而仅是一个空杆,则超声波在传播过程中能量损失不大,接收到的反射波的振幅较大;如果砂浆不密实,中间有空洞或缺失,则测得的反射波的振幅介于两者之间。由此,根据反射波的振幅的大小就可以判定水泥砂浆的饱满程度。

10.减少喷射混凝土回弹的措施有:

(1)严格控制喷射机工作风压;

(2)合理选择喷射混凝土配合比,适当减小最大集料的粒径,使砂石料具有一定的含水率;

(3)掌握好喷头处的用水量,提高喷射作业操作熟练程度和技术水平;

(4)采用湿喷工艺,添加外加剂;

(5)采用双水环喷头；

(6)应保持喷射机密封板的平整，不漏风，并调节好密封板的压力，松紧适宜；

(7)应加强喷射区的照明、通风；

(8)采用模喷混凝土。

11. 地质雷达探测衬砌背部空洞的原理：

属于电磁波检测范围。地质雷达利用一个天线发射高频宽频带电磁波，另一个天线接收来自地下介质界面的反射波。电磁波在介质传播过程中，其路径、电磁场强度以及波形将随所通过的介质的电性质以及几何形态而变化。因此，可根据接收波的旅行时间(亦称双向走时)、幅度与波形资料推断介质的结构。实测时将雷达的发射和接收天线密贴于喷层表面，雷达波通过天线进入混凝土衬砌中，遇到钢筋、钢拱架、材质有差别的混凝土、混凝土中间的不连续面、混凝土与空气分界面、混凝土与岩石分界面、岩石中的裂面等产生反射，接收天线接收到反射波，测出反射波的入射反射双向走时，就可以计算反射波走过的路程长度，从而求出天线距反射面的距离。

(1)原理：雷达天线可沿所测测线连续滑动，所测的每个测点的时间曲线就汇成了时间剖面。各测点接收到的同一反射面的反射波形成一定的图像，就可以直接反映出各种不同的反射面。

(2)方法：

①测线布置。隧道施工过程中质量检测以纵向布线为主(拱顶、拱腰、边墙、拱底)，横向布线为辅(8～12m)；竣工验收时应纵向布线，必要时可横向布线；3 车道隧道应在拱顶增加 2 条测线；测线每 5～10m 应有一里程标记。

②介质参数标定。检测前应对衬砌混凝土的介电常数或电磁波速做现场标定，每座隧道应不少 1 处，每处实测不少于 3 次，取平均值；标定方法：在已知厚度部位或材料与隧道相同的其他预制件上测量，在洞口或洞内避车洞处使用双天线直达波测量，钻孔实测；标定结果的计算。

③测量时窗确定。

④扫描点数的确定。

⑤数据处理。

12. $n=20$，其平均值 $R=29.3\text{MPa}\geqslant$设计强度 $R_d\times0.85=21.3\text{MPa}$

最小值 $R_{min}=24.8\text{MPa}\geqslant$设计强度 $R_d\times0.85=25\times0.85=21.3\text{MPa}$

所以该批喷射混凝土试块抗压强度合格。

13. $n=9$，其平均值 $R=29.5\text{MPa}\geqslant$设计强度 $R_d\times1.05=25\times1.05=26.3\text{MPa}$

最小值 $R_{min}=22.8\text{MPa}\geqslant$设计强度 $R_d\times0.90=25\times0.90=22.5\text{MPa}$

所以该批喷射混凝土试块抗压强度合格。

14. 隧道渗漏水主要病害：

(1)隧道渗漏水的长期作用，可能造成隧道侵蚀破坏。

(2)路面积水，行车环境破坏，降低轮胎与路面的附着力。

(3)寒冷地区，尤其是严寒地区，反复冻融循环，在衬砌与围岩之间造成冻胀，引起拱墙变形、破坏；拱墙上悬挂冰柱、冰溜，侵入净空；在路面上形成冰坡、冰锥，使行车滑溜，甚至无法通过。

高速公路、隧道防排水应满足要求：

(1)拱部、边墙、路面、设备箱洞不渗水。

(2)有冻害地段的隧道衬砌背后不积水、排水沟不冻结。

(3)车行横道、人行横道等服务通道拱部不滴水，边墙不滴水。

15. 高分子防水卷材采用不透水仪进行抗渗性试验的程序：

试验在标准环境下进行。先按 GB 328 的规定做好准备，将裁去的 3 块 D 式样分别置于 3 个透水盘中，盖紧槽盘，然后按 GB 325 的规定操作不透水仪，以每小时提高 1/6 规定压力 2×10^2Pa 的速度升压，达到规定压力后保压 24h，观察试样表面是否有渗水现象。

评定方法：3 块试样均无渗水现象时评定为不透水。

16. 高分子防水卷材采用不透水仪进行抗穿孔性试验的试验程序：

将裁取的 E 试样自由地铺在铝板上，并一起放在密度为 25kg/m^2、厚度为 50mm 的泡沫聚苯乙烯垫块上。穿孔仪器置于试样表面，将冲头下面的钢珠置于试样中心部位，把重锤调节到规定高度 300mm 并定位。使重锤自由下落，撞击位于试样表面的冲头，然后将试样去除，检查试样是否穿孔，试验 3 块试样。

评定方法：3 块试样均无穿孔时评定为不渗水。

17. 土工布顶破强度试验步骤：

(1)选择拉力机的拉力量程范围，最大压力在满量程的 10%～90%范围内。

(2)将试样在不受拉力状态下放入环形夹具内，将试样夹紧。

(3)开动拉力机，顶压速率为 100mm/min，在此速率下继续运行直至试样被顶破，记下最大压力，单位为 N。

(4)计算：

①计算 10 块试样圆球顶破强度 T_b 的算术平均值。

②计算顶破强度的标准差和变异系数。

18. 隧道防水混凝土的一般要求：

(1)隧道工程防水混凝土的抗渗等级不得小于 S_8。

(2)当衬砌处于侵蚀性地下水环境中，混凝土的耐侵蚀系数不得小于 0.8。

(3)当受冻融作用时，不宜采用火山灰质硅酸盐水泥和粉煤灰硅酸盐水泥。

(4)隧道工程防水混凝土的水泥用量不得少于 320kg/m^3，水泥强度等级不低于 32.5 级，水灰比不大于 0.50；当掺入活性细粉时，不得少于 280kg/m^3。

(5)防水混凝土结构应满足：

①裂缝宽度应不大于 0.2mm，并不贯通。

②迎水面主钢筋保护层不应小于 50mm。

③衬砌厚度不应小于 30cm。

(6)试件的抗渗等级应比设计要求提高 0.2MPa。

(7)当采用防水混凝土时，应对衬砌的各种缝隙采取有效的防水措施，以使衬砌获得整体防水效果。

19. 混凝土抗渗性试验试件制备的要求：

(1)每组试件为 6 个，若人工插捣，分两层状，每层插捣 25 次，标准养护。若结合工程需要，每单位工程制件不少于两组，至少一组标准养护，其余与构件同条件养护，试件养护期不少于 28d，不超过 90d。

(2)试件成型后 24h 拆模，用钢丝刷刷净两端面水泥浆膜，标准养护龄期为 28d。

抗渗性试验的试验步骤：

(1)试件到期后取出，擦干表面，用钢丝刷刷净两端面，待表面干燥后，在试件侧面滚涂一层熔化的密封材料，然后立即在螺旋加压器上压入经过烘箱或电炉预热的试模中，试件底面和试模平齐，待试模冷后即可解除压力，装在渗透仪上进行试验。

(2)实验时，水压从 0.2MPa 开始，每隔 8h 增加水压 0.1MPa，并随时观察试件端面情况，一直加至 6 个试件中有 3 个试件表面渗水，记下此时的水压力，即可停止试验。

(3)当加压至设计抗渗标号，经 8h 后第 3 个试件仍不渗水，表明混凝土已满足设计要求，也可停止试验。

20. 隧道防水层基面铺设的基本要求：

(1)喷射混凝土基面平整度：边墙 $D/L \leqslant 1/6$，拱顶 $D/L \leqslant 1/8$。

(2)基面不得有钢筋、突出的构件等尖锐突出物。

(3)隧道断面变化或转弯处的阴角应抹成 $R \geqslant 5$ 的圆弧。

(4)防水层施工时，基面不得有明水；如有明水，应采取措施堵或引排。

无钉热合铺设法安装施工程序：

(1)隧道防水板的安装：

①铺设基面检查；

②防水板垫衬的施工；

③热塑性塑料圆垫片的施工；

④防水板的铺设。

(2)焊接工艺。

(3)焊缝质量检测。

(4)防水层破损的检查与修补。

21. 围岩声波测试量测原理：岩体声波测试，是借助于对岩体(岩石)施加动荷载，激发弹性波在介质中的传播，来研究岩体的物理力学性质及其构造特征，一般用波速、波幅、频谱等参数进行表征。

测试仪器：声波仪、换能器。

测试项目：地下工程位置的地质剖面检测；岩体力学参数测定；围岩稳定状态分析(例如测定围岩松动圈大小等)；判定围岩分类等。

测试方法方法：

(1)松弛圈的测定，主要是声波传播速度取决于岩体完整性程度。完整岩体的波速一般较高，而在应力下降、裂隙扩展的松动区波速相对下降，因而在围岩压密区(应力升高区)和松动区之间会出现明显的波速变化。测试方法有单孔法和双孔法。可得到波速与孔深关系曲线。

(2)围岩分类的声波测试。

(3)动弹性模量的测试。

22. 回弹仪法检测混凝土强度的基本原理：

根据混凝土结构表面约 6mm 厚度范围的弹塑性性能，间接推定混凝土的表面强度，并认为在一般情况下，构件表面强度与内部一致。由于混凝土的抗压强度与其表面硬度之间存在某种相关关系，而回弹仪的弹击锤被一定的弹力打击在混凝土表面上，其回弹高度(通过回弹仪读得的回弹值)与混凝土的表面硬度成一定的比例关系。因此可以用回弹值反映混凝土表面硬度，根据表面硬度进而可推求混凝土的抗压强度。因此，混凝土构件的表面状态直接影响推定值的准确性和合理性。

检测步骤：

(1)数据采集工程资料收集，测区布置，测取 16 个回弹值，测定碳化深度；

(2)强度计算，回弹值计算，回弹值修正，碳化深度计算，测强曲线应用；

(3)异常数据分析；

(4)强度推定。

23. 超声波法检测混凝土强度的基本原理：

超声－回弹综合法建立在回弹值和超声波传播速度与混凝土抗压强度之间相互联系的基础之上，即用回弹值和声波的传播速度综合反映混凝土的抗压强度。综合法可以减弱或消除单一方法使用时的某些因素。

检测方法：

(1)选择合适的换能器布置方式；

(2)超声声速测定：对测修正、平测修正以及斜测修正；

(3)回弹值测定；

(4)强度推定：测区强度计算，混凝土强度推定。

24. 采用冲击—回波法测定隧道衬砌厚度的基本原理：

冲击—回波法是基于瞬态应力波应用于无损检测技术。利用一短时的机械冲击产生低频的应力波，应力波传播到结构内部，被缺陷和构件底部反射回来。通过仪器进行幅值谱分析，谱图中的明显峰由于冲击表面、缺陷及其他外表面之间的多次反射产生瞬态共振，从而确定结构混凝土的厚度和缺陷位置。

该隧道衬砌厚度：

由 $h=\frac{v_p}{2f}=\frac{4\ 200}{2\times 6.8\times 10^3}=30.8(\text{cm})$

平均厚度大于设计厚度，满足要求。

25. 采用滤膜测尘法检测隧道内粉尘浓度的原理：

原理为用抽气装置抽取一定量的含尘空气，使其通过装有滤膜的采样器，滤膜将粉尘截留，然后根据滤膜所增加的质量和通过空气量计算粉尘的浓度。

测定过程：

(1)准备滤膜。需干燥和称重。

(2)采样。在风筒出口后面距工作面 4～6m 处采样。迎着风流距地面高度 1.3～1.6m。采样时间在测点粉尘浓度稳定后测量，同一点采集两个样品。

(3)计算。两个平行样品分别计算，偏差小于 20％方合格。取两者平均值作为测点的粉尘浓度。

26.亮度总均匀度： $U_0=\frac{L_{min}}{L_{av}}=\frac{52}{60}=0.88$

亮度纵向均匀度： $U_1=\frac{L'_{min}}{L_{max}}=\frac{55}{72}=0.76$

27.简述隧道初期支护后如果出现大面积渗漏水时将如何处理?

可采用径向注浆或初期支护背后回填注浆，并符合下列要求：(1)径向注浆孔应符合设计要求，一般情况不宜小于 3m。(2)初期支护背后回填注浆孔深不应小于 0.5m。(3)注浆孔顺序应由水少处向水多处进行。(4)注浆材料宜以水泥类浆液为主，可采用快凝早强水泥。(5)注浆终压宜为 0.5～1.0MPa。

28.简述隧道供风高压风管路的安装使用要求。

(1)管路应敷设牢固、平顺，接头严密，不漏风。(2)洞内风管不应妨碍运输，影响边沟施工。(3)洞外地段，当风管长度超过 100m 和温度变化较大时宜安装伸缩器；靠近空气压缩机 150m 以内，风管的法兰盘接头宜用石棉衬垫。(4)风管前端至开挖面宜保持 30m 距离，并用高压软管连接分风器，通往上导坑开挖面使用的软管长度不宜大于 50m。分风器与凿岩机间连接的胶皮管长度，不宜大于 15m。(5)风管施工应用专人负责检查、养护。

29.简述隧道锚杆安装前应检查哪些项目。

(1)锚杆材料型号、规格、品种应符合设计要求，配件应配套。(2)锚杆孔位、孔径、孔深和布置形式应满足设计要求。(3)孔内应无积水，岩粉应吹洗干净。(4)锚杆杆体应调直、除锈，清除油污。(5)锚杆外端标准螺纹应有效，逐根检查并与标准螺母试装配。

30.简述隧道软弱围岩爆破后应满足的基本要求。

答：围岩稳定，无大的剥落或坍塌；爆破后围岩的扰动深度小于 1m，距掌子面 1 倍洞径处的洞内拱顶质点垂直向震动速度应小于 50mm/s；炮眼利用率达到 100%；石渣块度满足装渣要求。

31.简述隧道衬砌喷射混凝土施工前应做好哪些准备工作。

(1)检查开挖断面净空尺寸，清除松动岩块，清洗岩壁面的粉尘，清理边脚处的岩屑、杂物等。(2)岩面有集中渗水出露，应先引排，妥善处理。(3)应设置控制喷射混凝土厚度的标志。(4)检查机具设备和风、水、电等管线路，并试运转，作业面具有良好的通风和照明条件。

32.简述隧道衬砌喷射混凝土作业的基本规定有哪些。

(1)喷射作业应分段、分片由下而上顺序进行，每次作业区段纵向长度不宜超过 6m。(2)一次喷射厚度应根据设计厚度和喷射位置确定，初喷厚度宜控制在 40～60mm。复喷一次喷射厚度拱顶不得大于 100mm，边墙不得大于 150mm。(3)岩面有较大凹洼时，应在初喷时找平。(4)前一层喷射混凝土终凝后 1h 以上且喷层表面已蒙上粉尘时，后一层喷射前应清洗干净受喷面。(5)喷射混凝土作业时喷嘴应垂直岩面。

第三部分 模拟试题

一、单项选择题（每道题目有四个备选项，要求参考人员通过对题干的审查理解，从四个备选项中选出唯一的正确答案。每题1分，共计30分）

1. 隧道易在（ ）部位产生拉伸。

A. 拱顶　B. 侧墙　C. 仰拱　D. 拱脚

2. 对于浅埋洞口地段和某些偏压地段，隧道一般采用（ ）支护方式。

A. 地表注浆加固　B. 管棚钢架超前

C. 超前小导管预注浆　D. 超前围岩深孔预注浆

3. 管棚钢架超前支护，要求纵向两组管棚搭接长度应大于（ ）m。

A. 1　B. 2　C. 3　D. 4

4. 砂性土的孔隙直径必须大于浆液颗粒直径（ ）倍以上方可注入。

A. 2　B. 3　C. 4　D. 5

5. 超前锚杆与隧道轴线外插角宜为（ ）。

A. 1°～2°　B. 5°～10°　C. 10°～15°　D. 15°～20°

6. 影响浆液扩散半径、注浆压力和流量的指标是（ ）。

A. 黏度　B. 渗透能力

C. 凝胶时间　D. 渗透系数

7. 隧道开挖要求拱脚、墙脚以上（ ）m范围内严禁欠挖。

A. 0.5　B. 1.0　C. 1.5　D. 2.0

8. 当石质坚硬完整且岩石抗压强度大于30MPa，并确认不影响结构稳定和强度时，允许岩石个别凸出部分在$1m^2$不大于（ ）m^2。

A. 0.05　B. 0.1　C. 0.15　D. 0.20

9. 对于硬岩炮眼痕迹保存率标准为（ ）。

A. 90%　B. 80%　C. 70%　D. 50%

10. 锚喷支护是对围岩（ ）。

A. 主动加固　B. 被动加固

C. 主动支撑　D. 被动支撑

11. 锚杆拉拔力试验，要求同组单根锚杆的锚固力（ ）的设计值。

A. ≥70%　B. ≥80%　C. ≥90%　D. ≥100%

12. 喷射混凝土采用的速凝剂应保证初凝时间不大于（ ）min。

A. 5　B. 10　C. 15　D. 30

13. 喷射混凝土回弹率要求拱部不超过（　）。

A. 20%　　B. 30%　　C. 40%　　D. 50%

14. 衬砌内钢筋反射信号是（　）。

A. 月牙形强反射信号　　B. 月牙形弱反射信号

C. 连续的小双曲线形弱反射信号　　D. 连续的小双曲线形强反射信号

15. 目前隧道防水材料使用最多的是（　）。

A. 刷式　　B. 喷涂式　　C. 黏贴式　　D. 抹涂式

16. 合成高分子防水卷材验收批量为（　）m。

A. 1 000　　B. 2 000　　C. 3 000　　D. 5 000

17. 隧道防水混凝土的抗渗等级不得小于（　）。

A. S_2　　B. S_4　　C. S_6　　D. S_8

18. 隧道防水混凝土抗渗等级应比设计要求提高（　）MPa。

A. 0.1　　B. 0.2　　C. 0.4　　D. 0.5

19. 隧道防水层铺设前要求喷射混凝土基面平整度边墙满足（　）。

A. $D/L \leqslant 1/4$　　B. $D/L \leqslant 1/6$

C. $D/L \leqslant 1/8$　　D. $D/L \leqslant 1/10$

20. 防水板焊接要求每（　）m 检查 1 处焊缝。

A. 200　　B. 500　　C. 1 000　　D. 5 000

21. 土工织物试样调湿温度与饱和相对湿度分别为（　）。

A. 20±2℃，60±2%　　B. 25±2℃，60±2%

C. 20±2℃，90±2%　　D. 25±2℃，65±2%

22. 隧道在开挖过程中，开挖工作面，四周（　）倍洞径范围内受开挖影响最大。

A. 1　　B. 2　　C. 3　　D. 4

23. 隧道拱顶下沉降量测要求观测基准点应设在距离观测点（　）倍洞径以外的稳定点处，每断面布设 1～3 测点。

A. 1　　B. 2　　C. 3　　D. 4

24. I～II 类围岩周边位移量测断面间距为（　）m。

A. 5～10　　B. 10～30　　C. 20～40　　D. 30～50

25. 隧道围岩内部位移量测采用（　）。

A. 水准仪　　B. 多点位移计

C. 收敛计　　D. 激光仪

26. 隧道初期支护阶段量测变形小于最大变形的（　）可以正常施工。

A. 1/2　　B. 1/3　　C. 1/4　　D. 1/5

27. 我国《公路隧道施工技术规范》（JTJ 042—94）规定，甲烷（CH_4）按体积计不得大于（　）。

A. 0.5%　　B. 1.0%　　C. 0.3%　　D. 0.1%

28. 我国规范规定，当烟雾浓度达到（　）m^{-1}时，应采取交通管制。

A. 0.10　　B. 0.012　　C. 0.025　　D. 0.050

29. 在隧道照明中,( )是最重要的技术指标。

A. 路面照明　　B. 路面亮度

C. 眩光参数　　D. 反射系数

30. 等级 G 与主观上对不舒适感觉评价有相应关系,当 G=( )时,其相应关系为满意。

A. 1　　B. 2　　C. 5　　D. 7

二、判断题(每道题目列出一个可能的事实,通过审题给出该事实是正确还是错误的判断。每题 1 分,共计 30 分)

1. 隧道衬砌开裂更多的是由于施工管理不当造成的。( )
2. 隧道开挖当围岩自稳时间在 12～24h 之间必须采用先支护后开挖的措施。( )
3. 超前小导管预注浆一般适用于大断面隧道注浆加固。( )
4. 隧道围岩注浆硬化后起到防水和加固双重作用。( )
5. 注浆材料自身强度大者可以加固地层,小者仅能堵水。( )
6. 隧道超挖过多,只是增加工程造价,不会影响围岩稳定性。( )
7. 锚喷支护属于被动支撑,因此一般用于自稳时间短、初期变形大或对地表下沉降有严格限制的地层。( )
8. 锚杆应尽量与围岩壁面垂直,可采用目测法判定。( )
9. 砂浆锚杆只要拉拔力合格,就说明砂浆灌注质量好。( )
10. 隧道喷射混凝土抗压强度不合格,应予以凿除重喷。( )
11. 隧道衬砌背后不密实,超声波反射信号同相轴呈绕射弧形,且不连续,较分散。( )
12. 隧道水密型防水技术主要是以排为主,以防为辅。( )
13. 高分子防水卷材试样拉伸性能试验,若试验断在标距外,则该试样作废。( )
14. 对于防水卷材的外观质量、面积允许偏差、卷材中的允许接头数、卷材平直度、平整度、厚度允许偏差和最小单个值等 6 项要求,其中有 1 项不合格即为不合格卷材。( )
15. 土工织物刺破强度是反映土工织物抵抗小面积集中荷载的能力。( )
16. 隧道施工监控测点一般设置在距开挖工作面 2m 范围内,开挖后 12h 内,下次爆破前测取出读数。( )
17. 隧道内目测观测是新奥法监控量测中的必测项目。( )
18. 隧道周边位移量测作业应持续到变形基本稳定后 1～2 周结束。( )
19. 隧道施工监控由施工单位综合施工、地质、测试等方面的要求来完成。( )
20. 二次衬砌不宜采用全断面一次或先墙后拱法浇筑混凝土。( )
21. 对于承受围岩压力较小的拱、墙,封顶和封口混凝土要求达到设计强度的 70%方可拆除模板。( )
22. 回弹法测强的误差比较大,因此对比较重要的构件或结构物强度检测必须慎重使用。( )

23. 混凝土碳化的主要危害是导致钢筋锈蚀。（　）

24. 被测试的结构混凝土与测强曲线混凝土的条件越接近，回弹法所测的混凝土强度误差就越小。（　）

25. 粉尘浓度常用质量测定。（　）

26. 隧道内一氧化碳浓度的检测，在施工中没做要求，但在运营过程中有严格要求。（　）

27. 烟雾浓度可通过测定光线在烟雾中的透过率来确定。（　）

28. 安全可见度指从驾驶员看到前方障碍物到采取制动汽车所行驶的距离。（　）

29. 驾驶人的暗适应与明适应时间是相同的。（　）

30. 在隧道照明中，路面照度是最重要的技术指标。（　）

三、多项选择题

（每道题目所列备选项中，有2个或2个以上正确答案，每题2分。选项全部正确得满分，选项部分正确按比例得分，出现错误选项该题不得分。每题2分，共计40分）

1. 公路隧道的特点包括（　）。
   A. 断面大　　B. 形状偏平
   C. 需运营通风　　D. 需运营照明
   E. 防水要求高

2. 隧道检测包括（　）。
   A. 材料检测　　B. 施工检测
   C. 环境检测　　D. 通风检测
   E. 照明检测

3. 隧道超前锚杆质量检测实测项目包括（　）。
   A. 孔位　　B. 长度
   C. 钻孔深度　　D. 孔径
   E. 抗拔力

4. 隧道施工监控量测的内容包括（　）。
   A. 围岩变形　　B. 支护受力
   C. 衬砌受力　　D. 通风
   E. 照明

5. 隧道运营环境监测包括（　）。
   A. 通风　　B. 照明
   C. 粉尘　　D. 噪声
   E. 有害气体

6. 隧道注浆材料应满足（　）要求。
   A. 渗透力强　　B. 流动性好
   C. 体积不收缩　　D. 稳定性好
   E. 不污染环境

7. 隧道开挖的基本要求是( )。
A. 断面尺寸符合要求
B. 严格控制欠挖
C. 尽量减少超挖
D. 严格控制超挖
E. 尽量减少欠挖

8. 隧道开挖超欠挖测定的方法有( )。
A. 直接测量法
B. 直角坐标法
C. 三维近景摄影法
D. 超声波法
E. 目测法

9. 隧道爆破效果要求包括( )。
A. 开挖面圆顺、平整
B. 爆破进尺达到设计要求
C. 周边炮痕迹保存率满足要求
D. 炮眼台阶形误差满足要求
E. 光面爆破效果满足要求

10. 隧道防排水的基本原则包括( )。
A. 防 B. 排 C. 堵 D. 截 E. 渗

11. 土工织物具有( )特性。
A. 过滤 B. 排水 C. 隔离 D. 加筋 E. 防渗

12. 隧道排水系统包括( )。
A. 环向排水管
B. 纵向排水盲管
C. 横向盲管
D. 中央排水管
E. 渗井

13. 隧道施工监控量测的任务包括( )。
A. 确保安全
B. 指导施工
C. 修正设计
D. 节省投资
E. 积累资料

14. 隧道围岩量测数据主要内容包括( )。
A. 位移、应力、应变时态曲线
B. 位移、应力、应变速率时态曲线
C. 位移、应力、应变空间曲线
D. 位移、应力、应变深度曲线
E. 接触应力横断面分布图

15. 隧道混凝土衬砌常见质量问题有( )。
A. 混凝土开裂
B. 混凝土强度不够
C. 混凝土厚度不够
D. 钢筋锈蚀
E. 背后存在空洞

16. 隧道衬砌浇筑前对模板的检查项目包括( )。
A. 刚度 B. 外形 C. 尺寸 D. 位置 E. 挡头

17. 影响超声波法测量精度的因素有( )。
A. 横向尺寸
B. 湿度和温度
C. 集料性质
D. 水灰比
E. 龄期

18. 隧道衬砌内部常用的检测方法有（　）。

A. 水压法　　B. 超声波法
C. 钻孔取芯法　　D. 地质雷达法
E. 红外成像法

19. 隧道通风检测的内容有（　）。

A. 粉尘浓度测定　　B. 瓦斯测定
C. 一氧化碳测定　　D. 二氧化碳测定
E. 烟雾浓度测定

20. 隧道光度检测的内容包括（　）。

A. 照度　　B. 光强　　C. 照度　　D. 光通量　　E. 亮度

四、问答题

（分为试验操作题、简答题、案例分析题和计算题等。每题10分，共计50分）

1. 绘图说明直接测量法检测隧道超欠挖测定方法？

2. 有9组喷射混凝土试块，设计强度为25MPa，其在标准养护28d实测抗压强度见下表，试进行施工质量评判（单位：MPa）。

26.8	29.5	29.6	34.2	33.5	30.8	30.1	22.8	26.6

3. 隧道防水层基面铺设的基本要求有哪些？无钉热合铺设法安装施工程序有哪些？

4. 某隧道衬砌结构为一次喷护15cm厚混凝土和二次模注30cm厚混凝土复合衬砌，两次混凝土之间有一层柔性防水层。用超声平测法测得超声波速为4 200m/s，用冲击—回波法测定其平均峰值频率为6.8kHz。简述采用冲击—回波法测定隧道衬砌厚度的基本原理并分析该隧道衬砌厚度是否满足设计要求。

5. 简述采用滤膜测尘法检测隧道内粉尘浓度的原理与测定过程。

第四部分　模拟试题答案

一、单项选择题

1. A　2. A　3. C　4. B　5. B　6. A　7. B　8. B　9. B　10. A
11. C　12. A　13. C　14. D　15. C　16. D　17. D　18. B　19. B　20. C
21. A　22. B　23. C　24. A　25. C　26. B　27. A　28. B　29. B　30. D

二、判断题

1. √　2. √　3. √　4. √　5. √　6. ×　7. ×　8. √　9. ×　10. ×
11. √　12. √　13. √　14. √　15. √　16. ×　17. √　18. ×　19. ×　20. √
21. √　22. √　23. √　24. √　25. √　26. ×　27. √　28. √　29. ×　30. ×

三、多项选择题

1. ABCDE　2. ABC　3. ABCD　4. ABC　5. ABD
6. ABCDE　7. ABC　8. ABC　9. ABCDE　10. ABCDE
11. ABCD　12. ABCD　13. ABCE　14. ABCDE　15. ABCDE
16. ABCDE　17. ABCDE　18. ABCDE　19. ABCE　20. ABCDE

四、问答题

1. 直接测量法检测隧道超欠挖测定方法：

答：直接测量法是在二次衬砌立模后，以内模为参照物，从内模量至围岩壁的数据加上内净空即为开挖断面尺寸。以某长度段内所有的实测数据的综合计算进行分析评价(图略)。

2. $n=9$，其平均值 $R=29.5\text{MPa}\geqslant$设计强度 $R_d\times1.05=25\times1.05=26.3\text{MPa}$

最小值 $R_{min}=22.8\text{MPa}\geqslant$设计强度 $R_d\times0.90=25\times0.90=22.5\text{MPa}$

所以该批喷射混凝土试块抗压强度合格。

3. 隧道防水层基面铺设的基本要求：

(1)喷射混凝土基面平整度：边墙 $D/L\leqslant1/6$，拱顶 $D/L\leqslant1/8$。

(2)基面不得有钢筋、突出的构件等尖锐突出物。

(3)隧道断面变化或转弯处的阴角应抹成 $R\geqslant5$ 的圆弧。

(4)防水层施工时，基面不得有明水；如有明水，应采取措施堵或引排。

无钉热合铺设法安装施工程序：

(1)隧道防水板的安装：

①铺设基面检查；

②防水板垫衬的施工；

③热塑性塑料圆垫片的施工；

④防水板的铺设。

(2)焊接工艺。

(3)焊缝质量检测。

(4)防水层破损的检查与修补。

4.采用冲击—回波法测定隧道衬砌厚度的基本原理：

冲击—回波法是基于瞬态应力波应用于无损检测技术。利用一短时的机械冲击产生低频的应力波，应力波传播到结构内部，被缺陷和构件底部反射回来。通过仪器进行幅值谱分析，谱图中的明显峰由于冲击表面、缺陷及其他外表面之间的多次反射产生瞬态共振，从而确定结构混凝土的厚度和缺陷位置。

该隧道衬砌厚度：

由 $h=\frac{v_p}{2f}=\frac{4200}{2\times 6.8\times 10^{-3}}=30.8\,(\text{cm})$

平均厚度大于设计厚度，满足要求。

5.采用滤膜测尘法检测隧道内粉尘浓度的原理：

原理为用抽气装置抽取一定量的含尘空气，使其通过装有滤膜的采样器，滤膜将粉尘截留，然后根据滤膜所增加的质量和通过空气量计算粉尘的浓度。

测定过程：

(1)准备滤膜。需干燥和称重。

(2)采样。在风筒出口后面距工作面 4～6m 处采样。迎着风流距地面高度 1.3～1.6m。采样时间在测点粉尘浓度稳定后测量，同一点采集两个样品。

(3)计算。两个平行样品分别计算，偏差小于 20%方合格。取两者平均值作为测点的粉尘浓度。